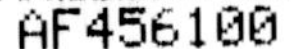

HISTOIRE GÉNÉRALE ET PARTICULIERE DE LA GRÈCE;

Avec toutes les Cartes et les Planches de Monumens nécessaires à son intelligence.

Par l'Historien des Hommes.

TOME XIII.

A PARIS,
1783.

AVIS

Pour placer les soixante & treize Gravures de l'Histoire de la Grèce.

TOME I.

Portrait de l'Historien de la Grèce. Pages.
Frontispice.
Carte de la Grèce. 79
Temple de Corynthe 149

TOME II.

Frontispice.
Persée 5
Carte de l'Asie mineure. . . . 29
Enlèvement de Ganymède. . . 83
Carte des Argonautes Grecs . . 103
Carte des Argonautes du monde primitif. 169
Pâris 235
Vase du sacrifice d'Iphigénie. . 284

TOME III.

Frontiſpice.
Taureau Farnèſe. 25
Hermaphrodite 53
Hercule & Antée 94
Hercule ſoutenant le Ciel . . 120
Méléagre 228

TOME IV.

Frontiſpice.
Hippomène & Atalante . . . 42
Théſée, vainqueur du Minotaure. 47
Autel des Orgies Bachiques . . 98

TOME V.

Frontiſpice.
Carte du Péloponèſe 122
Temple Grec, en forme de rotonde. 303

TOME VI.

Frontiſpice.
Ruines du Parthénon 77

Ruines du Temple de Théſée. . 82
Ruines des Propylées 86
Ruine de la Lanterne de Démoſthène 90
Carte de la Retraite des Dix-Mille. 255

TOME VII.

Frontiſpice.
Carte de l'Archipel. 63
Carte de la Sicile 76
Antinoüs 207

TOME VIII.

Frontiſpice.
Miroir d'Archimède. 15
Apollon du Belvédère 59
Hélépole de Démétrius . . . 100
Péridrome. 109
Ruines de Délos. 202
Ruines de Peſtum 221

TOME IX.

Frontiſpice.
Grouppe des Lutteurs 77

Gladiateur. 79
Gladiateur mourant. 82
Pyrrhus 307

TOME X.

Frontispice.
Lanterne de Démosthène, restituée. 66
Carte de la Perse. 183
Carte de l'Inde 336
Bachus dormant. 342

TOME XI.

Frontispice.
Tour de Bélus 24
Hercule Farnèse 159
Vénus de Médicis 160
Grouppe de Laocoon 165
Palais de Tentyre 175
Façade du Temple de Théſée, reſtituée 179
Façade du Temple de Minerve, reſtituée 184
Propylées reſtituées 189
Tombeau de Mylaſe 197

TOME XII.

Frontiſpice.
Le Satyre Marſyas 16
Diane d'Ephèſe 56
Vénus ſortant des eaux . . . 113

TOME XIII.

Frontiſpice.

Carte du monde primitif.	à la ſuite de l'explication des Gravures.
Table des meſures itinéraires	
Chronique de Paros . .	
Premier Tableau des Monarchies de la Grèce. .	
Second Tableau . . .	
Troiſième Tableau. . .	

AVIS

Sur l'ordre des Gravures, quand on les réunit dans un Atlas.

Il ne faut alors insérer, dans les Volumes, que le portrait & les treize frontispices.

TABLEAUX.

Grand Frontispice in-folio.
Table des Mesures itinéraires.
Chronique de Paros.
Premier Tableau des Monarchies de la Grèce.
Second Tableau des Monarchies.
Troisième Tableau des Monarchies.

CARTES.

Carte du Monde primitif.
Carte générale de la Grèce.
Carte de l'Asie mineure.
Carte du Péloponèse.
Carte de l'Archipel.
Carte de la Sicile.
Carte des Argonautes du monde primitif.
Carte des Argonautes Grecs.

Carte de la Perse.

Carte de l'Inde.

Carte de la Retraite des Dix-Mille.

MONUMENS.

Ruines du Temple de Corynthe.

Temple Grec, en forme de rotonde.

Ruines du Parthénon, ou Temple de Minerve.

Façade du Temple de Minerve, restituée.

Ruines du Temple de Théſée.

Façade du Temple de Théſée, reſtituée.

Ruines des Propylées.

Propylées reſtituées.

Ruines de Délos.

Ruines de Peſtum.

Tour de Bélus.

Palais de Tentyre.

Tombeau de Mylaſe.

ESTAMPES DOUBLES.

Lanterne de Démoſthène.

Autel des Orgies Bachiques.

Ruines de la Lanterne de Démoſthène.

Vaſe du ſacrifice d'Iphigénie.

Hélépole de Démétrius.	Péridrome.
Bachus dormant.	Pâris.
Hercule soutenant le Ciel.	Hercule & Antée.
Hercule Farnèse.	Persée
Apollon du Belvédère.	Antinoüs.
Méléagre.	Pyrrhus.
Gladiateur.	Grouppe des Lutteurs.
Taureau Farnèse.	Grouppe de Laocoon.
Diane d'Ephèse.	Le Satyre Marsyas.
Vénus sortant des eaux.	Vénus de Médicis.
Enlèvement de Ganymède.	Thésée, vainqueur du Minotaure.

ESTAMPES SIMPLES.

Miroir d'Archimède.
Hippomène & Atalante.
Gladiateur mourant.
Hermaphrodite.

EXPLICATION
DES GRAVURES
DE
L'HISTOIRE DE LA GRÈCE.

TABLE ALPHABÉTIQUE
DES
MESURES ITINÉRAIRES.

On ſerait arrêté à chaque pas dans l'Hiſtoire des Grecs, ſi on n'avait ſous les yeux une Table réduite, où toutes leurs meſures itinéraires ſeraient évaluées avec la plus grande précision, & mises en regard avec celles du Monde moderne : celle-ci a été faite avec tout le soin possible ; on peut la placer par-tout où l'on veut, se rapportant également à tous les Volumes : cependant l'ordre naturel demanderait qu'on l'insérât dans le premier, après la Géographie de la Grèce ; *& un ordre plus philosophique exigerait qu'on la transportât au sixième, à l'époque du beau Siècle de Périclès, qui a été celui des Arts & de la Raison en Europe.*

L'exactitude scrupuleuse que nous avons mise à la rédaction de cette Table, nous engage à prévenir ici une objection que les Physiciens pourraient nous faire, sur le principe dont nous sommes partis pour évaluer les mesures itinéraires.

Nous avons pris, pour base de nos calculs, la toise de Paris, dont l'étalon se trouve ſcellé dans un mur, au pied de l'eſcalier du grand Châtelet.

Cependant il eſt prouvé, par un Mémoire du Philoſophe la Condamine (a), *que cette toiſe primitive a été altérée par le laps du tems, & que ſa longueur n'eſt plus la même qu'elle était au commencement du ſiècle de Louis XIV.*

Les Aſtronomes de France, qui ont fait les opérations ſur la meſure des degrés de la terre, n'ont pas fait cette obſervation, & il en eſt réſulté des erreurs dans leurs calculs, & ces erreurs ſont plus importantes qu'on n'imagine d'abord; car il eſt évident que la moindre faute dans l'appréciation de la longueur de la toiſe, ſe multiplie près de ſoixante mille fois ſur la longueur du degré du méridien.

(a) *Voyez* Memoires de l'Académie des Sciences, *année* 1772.

Nous avons cependant été obligés d'employer l'étalon altéré de la toiſe du Châtelet, comme fondement de l'évaluation des meſures itinéraires; mais l'inconvénient ceſſe dès qu'on en avertit; il ſera aiſé dans la ſuite de réformer nos calculs, quand l'Académie aura donné ſa toiſe, & que cette toiſe aura été adoptée par l'Europe.

Ne ſerait-il pas, au reſte, infiniment important de former cet étalon principe d'une matière à l'abri de toute eſpèce de dégradation? L'ingénieux la Condamine a propoſé du granit de Normandie, qui eſt à l'épreuve des atteintes de la lime; le porphyre vaudrait encore mieux. Un de nos meilleurs Géomètres croit qu'une doſe particulière de mercure, meſurée, avec toute la préciſion mathématique, dans un vaiſſeau quelconque, remplirait ce but peut-être plus ſûrement, parce que dans tous les lieux du globe, & dans tous les âges, on pourrait retrouver cet étalon primitif, en répétant l'expérience. L'or à vingt-quatre karats, c'est-à-dire dépouillé de toutes les matières hétérogènes qui en forment la liaison, produirait aussi le même effet; malheureusement la Chymie la plus exercée ne pourrait affiner ce métal, de façon à en composer une toise solide d'or vierge.

Au défaut de l'or à 24 karats, on pourrait faire la toise principe avec de l'or à 23 karats 31 trente-deuxièmes; alors, en conservant cet étalon toujours dans la même température, on pourrait se flatter d'avoir résolu, par approximation, le problême de la mesure universelle.

CARTE
DU MONDE PRIMITIF,
A L'ÉPOQUE
DE LA FONDATION DES EMPIRES.

Il serait difficile d'entendre parfaitement les Vues Philosophiques sur le Globe & les Hommes, *qui servent d'introduction à l'Histoire de la Grèce, si on n'avait sous les yeux cette Carte importante ; il faut donc la placer après le frontispice du premier Volume ; elle se trouve éclaircie & justifiée, dans le second, à l'Histoire des deux Expéditions des Argonautes.*

Cette Carte, travaillée avec le plus grand soin, ne doit point être comparée avec nos Mappemondes, ni jugée sur les principes de nos Géographes : il ne s'agit pas ici du monde des Cellarius, des Buache & des Danville, mais de celui qui existait, avant qu'il y eût des Historiens.

Il n'y avait point, à cette époque, de monument littéraire qui pût déposer en faveur de nos recherches; mais nous en avons trouvé de bien plus authentiques que les vains Ouvrages des Philosophes : je parle du suffrage muet, mais éloquent, de la Nature; en effet, il est impossible d'examiner la structure du globe, la formation régulière de ses couches, la position de ses lits de coquillage, la direction de ses chaînes de montagnes, sans se convaincre du séjour primitif de l'Océan sur sa surface; il ne faut pas même demander à l'Histoire, des preuves de ce grand principe de physique; il est évident que les révolutions du globe, pro-

duites par l'action des mers, ne se sont opérées que par la destruction de la race d'hommes qui pouvait en perpétuer la mémoire.

Si notre Ouvrage n'avait été qu'un Livre philosophique, nous aurions fait précéder cette Carte géographique d'une autre, qui aurait représenté le globe entier sous les eaux, à l'exception du Mont Caucase, de la chaîne de l'Atlas, & du plateau de la Tartarie.

Mais c'est l'Histoire des Hommes qui sert de base à notre travail : ainsi, contens d'avoir fait pressentir la justesse de notre hypothèse générale, nous nous bornons à une Carte qui en montre l'application, à l'époque de la fondation des Empires.

Dans ces âges reculés, le monde était

partagé en grandes Isles & en petits Archipels.

Ce que nous nommons la mer Caspienne, était un effroyable amas d'eau, qui communiquait d'un côté au Pont-Euxin & à la mer Glaciale, & de l'autre, à la mer des Indes; ainsi la plus grande partie de l'Asie était entièrement séparée de l'Afrique & de l'Europe.

Alors la presqu'isle de l'Inde & celle de Malaca, se trouvaient séparées du Continent, & ne se liaient par une ligne idéale avec lui, que par les pointes des montagnes qui s'élevaient au-dessus des eaux.

La mer Rouge, franchissant l'isthme de Suez, unissait ses flots à ceux de la Méditerranée, & l'Afrique n'était pas encore, comme elle est aujourd'hui, une grande péninsule.

Ajoutons que vraiſemblablement toute la partie méridionale de l'Afrique moderne, depuis l'Equateur juſqu'au Cap de Bonne-Eſpérance, étant entièrement dépourvue de hautes montagnes, ſe trouvait alors enſévelie ſous l'Océan.

Notre Europe, dans ces premiers âges, était ſingulièrement morcelée, excepté vers la chaîne des Alpes & des Pyrenées; comme on n'y voyait point encore de grands peuples, il nous a paru ſuffiſant d'indiquer la demeure de l'Océan ſur ſa ſurface, au-deſſus de l'Italie & dans la Scandinavie.

Cependant l'Atlantide exiſtait alors dans la Miditerranée; on lui a donné toute l'étendue marquée dans l'Hiſtoire, & on l'a placée où eſt notre Sardaigne, qui probablement n'eſt que le débris de cette Iſle ſi célèbre dans l'antiquité.

Nous avons cru aussi, pour l'intelligence de nos Recherches sur le Monde primitif, devoir indiquer les positions de cette Atlantide, suivant tous les systêmes qu'une philosophie, fondée sur des faits, engage à réfuter.

Notre Carte n'offre point la position de l'Amérique; ce monde est nouveau, même pour nos Géographes; séparé, au tems qui nous occupe, du reste du globe, par un intervalle immense de mers, il n'existait que par la chaîne des Cordillères.

CARTE GÉNÉRALE
DE
LA GRECE.

Il faut la placer à la page 79 du Tome premier de cette Histoire.

Cette Carte renferme non-ſeulement la Grèce proprement dite, & l'Archipel, mais encore l'Aſie mineure, que les Grecs ont couverte de leurs colonies, & la Macédoine, d'où partit le Héros qui les ſubjugua. — La projection de la Carte n'a pas permis d'y faire entrer toute la partie de l'Italie, où les Navigateurs de la Grèce, à différentes époques, ſont venus conſtruire des villes, ni la Sicile, où elle a ſi long-tems dominé; mais les colonies Grecques de l'Italie n'ayant eu d'exiſtence que par Rome, c'eſt à l'Hiſtoire Romaine qu'il faut renvoyer leur Géographie : quant à la Sicile, nous avons pris le parti de lui conſacrer une Carte particulière, où elle eſt deſſinée avec tous ſes détails.

CARTE
DE
L'ASIE MINEURE.

SA place est à la page 29 du second Volume de cet Ouvrage. On en trouvera l'explication, ainsi que la concorde des noms anciens avec les noms modernes, au Tome précédent, pag. 82.

CARTE
DU
PÉLOPONÈSE.

Cette partie de la Grèce proprement dite, qui a produit les plus fameux Héros de l'antiquité, & ses Sages les plus célèbres, méritait une Carte particulière, avec tous les détails qu'elle renferme. L'explication s'en trouve à la page 129 du Tome premier de cette Histoire; mais il faut la placer à la page 249 du même Volume, de manière qu'elle soit en regard avec le chapitre de la Fondation des premières Monarchies du Péloponèse.

CARTE
DE
L'ARCHIPEL.

Elle correſpond à l'endroit où ſe trouve ſon explication, c'eſt-à-dire à la page 169 du Tome premier de l'Hiſtoire de la Grèce; on y a préſenté le coup-d'œil général de l'Archipel de l'Aſie mineure, connu principalement des Anciens ſous le nom de l'Archipel de la mer Egée, ainſi que de celui de l'Europe, qu'ils appellaient l'Archipel de la mer Ionienne. La projection de la Carte n'a pas permis d'y placer, à l'extrémité orientale, l'iſle de Chypre, & à l'extrémité occidentale, celle de la Sicile; mais la première ſe trouve aſſez en grand

dans

dans la Carte de l'Asie mineure, & nous avons consacré une Carte toute entière à la Géographie de la Sicile.

Cette Carte de l'Archipel, pour ceux à qui l'ordre des faits est seul essentiel, se placerait plus heureusement, à la page 63 du Tome VII de cette Histoire; car là commencent les annales de Chypre, de la Sicile & de toutes les autres isles de l'Archipel.

CARTE
DE
LA SICILE.

*L'*ORDRE *naturel exigerait qu'on plaçât cette Carte à la page* 208 *du Tome premier de la Grèce, puisqu'on ne trouve que là son explication détaillée, ainsi que la concorde de noms anciens de ses villes, avec les noms modernes; mais nous conseillons, pour la commodité des Lecteurs, de la transporter au-devant de l'Histoire même de la Sicile, qui se trouve à la page* 76 *du Tome VII de cet Ouvrage.*

CARTE
DE
LA NAVIGATION
DES
ARGONAUTES DU MONDE PRIMITIF.

SA place *est au* Périple de l'Hercule Oriental, *pag.* 169 *du Tome II de l'Histoire de la Grèce.*

Cette Carte, toute neuve & de la plus grande importance, non-seulement pour l'Histoire de la Grèce, mais encore pour celle du Globe entier, devient la preuve naturelle de la grande Carte philosophique du Monde Primitif; on y trouve le monde configuré à-peu-près, comme il a dû l'être, à l'époque de la fondation des premières Monarchies ; & des lignes ponctuées désignent la navigation des Argonautes primitifs, suivant les quatre relations de Timée, d'Hécatée, d'Apollonius & d'Onomacrite.

CARTE
DE
LA NAVIGATION
DES ARGONAUTES GRECS.

CE *Voyage, si moderne par rapport à celui de l'Hercule Oriental, quoiqu'il ait été exécuté 69 ans avant la prise de Troye, est plus connu sous le nom de l'Expédition de Jason. Il est analysé dans les Chapitres du* Récit historique de la conquête de la Toison d'or, & *des* Vues nouvelles sur une double expédition de la Colchide; *mais il faut placer la Carte au-devant du premier, page* 103 *du Tome II de l'Histoire de la Grèce.*

CARTE

DE LA

RETRAITE DES DIX MILLE.

ELLE a déja été faite par divers Géographes, d'après Xénophon, que chacun interprétait à sa manière; on la donne ici conforme au texte de cet Ecrivain, & il faut la mettre en regard avec le chapitre même de la Retraite des Dix-Mille, à la page 255 du Tome VI de l'Histoire de la Grèce.

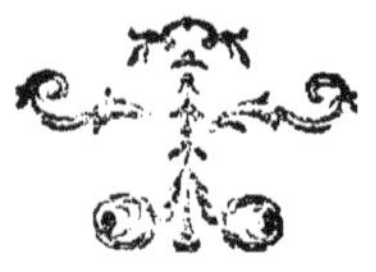

CARTE
DE
L'ANCIENNE PERSE.

Cette Carte est nécessaire pour l'intelligence de l'Histoire d'Alexandre, & doit être placée par conséquent à la page 183 du Tome X, qui renferme la vie du Héros de la Macédoine.

Il existe une Carte de Guillaume Samson, qui a pour titre : Persarum Imperium in viginti satrapias vectigales distributum; *mais comme elle est faite sur la Géographie d'Hérodote, quelquefois suspecte, & plus souvent mal interprétée, elle n'a pu nous être d'aucun usage.*

La nôtre représente la Perse au plus

haut période de ſa gloire, & jouiſſant en paix de toutes ſes conquêtes.

On ſait que Darius, fils d'Hyſtaſpe, voulant ſoumettre à des impoſitions annuelles ſon vaſte Empire, qui juſqu'alors n'avait payé à ſes Souverains que des tributs volontaires, commença par le diviſer en vingt Satrapies.

Hérodote, dans ſa Thalie, *nous a tranſmis les noms des peuples renfermés dans ces Satrapies, avec le calcul des ſommes qu'ils payaient au Gouvernement.*

Malheureuſement Hérodote, quand il décrit tout ce qui ne tient pas à la Grèce, n'eſt guères meilleur Géographe que Quinte-Curce; il faut marcher ſans ceſſe avec lui le flambeau de la critique à la main, & ne ſe fier à ſes deſcriptions, que quand elles ne ſont contredites par perſonne.

Il n'y a d'abord aucun ordre dans l'ar-

rangement de ces Satrapies, comme on peut s'en convaincre en jettant les yeux sur les chiffres romains qui les désignent; la cinquième est voisine de la quatorzième, & la septième de la dix-septième. Cette négligence qu'on ne peut attribuer raisonnablement à l'Edit de Darius, donne une mauvaise idée de la Géographie d'Hérodote.

Il y a des Satrapies, telles que la seizième, qui embrassent des Provinces bien peu faites, par leur éloignement, pour être réunies sous la même forme d'Administration. Je ne saurais croire que ces vastes régions, qui s'étendent de dix degrés du Nord au Midi, & de quatorze de l'Est à l'Ouest, aient été soumises au même Gouverneur; & ce qui me confirme dans mon doute, c'est que cette belle Satrapie, qui renfermait le plus beau pays de la Perse, ne payait au trésor royal que 300 talents, tandis qu'on avait taxé à 600, quelques petits peuples inconnus de la quatorzième, qui habitaient les bords stériles de la mer Rouge.

Quels sont ces Syriens qu'Hérodote place dans sa troisième Satrapie? Assurément ce ne sont pas les habitans de la Syrie. Ces derniers étaient renfermés dans la cinquième qui s'étendait de la ville de Posidée jusqu'en Egypte. J'imagine que les Syriens, dit ce Père de l'Histoire, s'ils ont existé, étaient une colonie des peuples du Liban, établie dans l'Asie mineure. Cette conjecture donne quelque vraisemblance au texte d'Hérodote.

Pour concilier Hérodote avec la raison, il faut encore supposer que les Sattagydes & les Gandariens de sa septième Satrapie, qui ne sont connus d'aucun Géographe, habitaient le long du golphe Perſique, ou plutôt le long de la prolongation de ce golphe que les Anciens nommaient mer Erythrée; car il n'eſt guères probable qu'il y eût des peuples obſcurs, dans ce faible intervalle qui ſéparait Paſagarde du golphe de Perſe.

On a cru devoir placer, auprès de la mer Caſpienne, les peuples très-inconnus de la onzième Satrapie, à cauſe des Caſpiens, qui probablement tiraient leur nom, de cette mer dont ils habitaient les rivages.

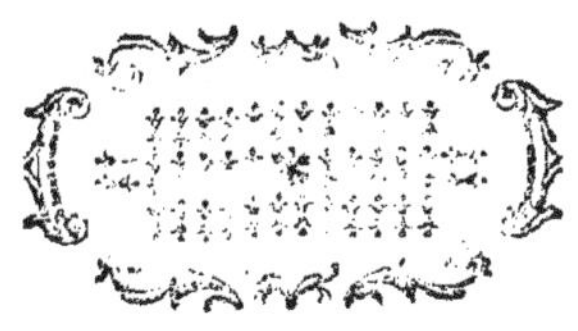

CARTE
DE
L'INDE PRIMITIVE.

LA fameuse expédition d'Alexandre dans l'Inde, demandait une Carte particulière, sur laquelle on pût suivre le cours des conquêtes du Héros. Elle a sa place à la page 336 du Tome X, c'est-à-dire au chapitre de la vie de ce Prince, qui suit la réduction de la Perse.

*La projection de cette Carte a été faite, sur celle que le celèbre Danville a donnée dans son Livre de l'*Antiquité géographique de l'Inde. *On en a supprimé les détails trop minutieux, qui pouvaient entrer dans le plan d'un Traité géographique* *sur cette partie de l'Asie, mais non dans une Histoire Philosophique du Siècle d'Alexandre.*

TOUR
DE BÉLUS.

LA place de cette Estampe est à la page 24 du Tome XI de cette Histoire.

On a donné, avant nous, divers desseins de ce monument; mais aucun ne se rencontre avec la description qu'en font les Historiens.

Par exemple, l'Antiquité représente le Temple de Bélus comme un édifice quarré, dont chaque face avait deux stades, & au centre duquel on avait élevé l'énorme pyramide. Cependant on ne voit, dans les Plans de la Tour, faits par les Artistes qui nous ont précédés, aucune trace de ce vaste édifice.

Quant à la pyramide elle-même, on n'en a jamais donné qu'un dessein fidele; c'est celui que l'Académie des Belles-Lettres a fait graver dans ses Mémoires.

RUINES DU PALAIS
DE
TENTYRE.

CETTE *Estampe, destinée à mettre l'Architecture Egyptienne en regard avec l'Architecture Grecque, doit être placée à la page* 175 *du Tome XI de cette Histoire.*

Pockoke conjecture que les ruines de cet édifice désignent un temple; & les têtes d'Isis, qui forment les chapitaux des colonnes, semblent le confirmer. Cependant, un examen plus approfondi de l'Architecture, nous ferait croire qu'il ne s'agit ici que d'un Palais, tracé d'après des idées gigantesques & barbares, & dont la construction ne remonte qu'au règne d'Amasis. Quoique cet édifice n'ait guères que 200 pieds de long, sur 145 de large, il y a des visionnaires qui se sont imaginés que la ville entière de Tentyre était, autrefois, bâtie sur ses ruines.

CHRONIQUE

DES

MARBRES D'ARONDEL,

CONNUS

SOUS LE NOM

DES

MARBRES DE PAROS.

CE Tableau, ainsi que les trois suivans, doit être placé parmi les Fastes de la Grèce, qui terminent le dernier Volume de son Histoire.

La Chronique de Paros, le plus beau monument de la Chronologie Grecque, renferme un espace de 1228 *ans, depuis la fondation de la Monarchie d'Athènes, jusqu'à l'assassinat de Dion dans Syracuse.*

Cette Chronique fut gravée sur un marbre, à Paros, quatre-vingts-dix ans après l'assassinat de Dion; calcul qui se concile parfaitement avec le commencement du texte des Marbres: il s'est écoulé 1318 ans, depuis Cécrops, le premier Roi d'Athènes, jusqu'à l'Archontat de Diognète dans la même ville, qui répond à celui d'Astyanax dans l'isle de Paros.

Cet Archontat de Diognète, tombant à l'an 264 avant notre Ere vulgaire, il s'ensuit qu'il y a 3362 ans que la Chronique de Paros a commencé; époque qui répond à l'an 648 de l'Ere de Callisthène, ou 806 ans avant les Olympiades. Ces rapports de supputation sont la base de notre Chronologie.

Nous ne nous sommes point servis,

pour former ce Tableau, de l'édition des Marbres, par Selden, donnée à Londres en 1628, *ni de celle du Savant Prideaux, qui parut à Oxford en* 1676; *notre guide a été le Livre superbe des* Marbres d'Oxford, *qui a rectifié ces deux Ouvrages* (a).

On sent que le monument même des Marbres ayant été dégradé, dans les guerres civiles d'Angleterre, ce n'est que par d'ingénieuses conjectures que quelques textes ont été rectifiés.

Les conjectures de la dernière édition que nous avons adoptée, different, soit pour le texte, soit pour les nombres, de celles de l'édition de Prideaux, dont jusqu'alors le Monde Savant avait fait usage. Les différences du texte regardent 20

(*a*) *Marmora Oxoniensia*, Oxonii, è Typographeo Clarendoniano, 1763.

époques (a), & *celles des nombres semblent destinées à en rectifier dix* (b).

Les variations dans les nombres, les seules qui aient quelqu'importance dans la Chronologie, méritent ici peu d'attention, parce qu'il ne s'agit que d'un an, ou deux tout au plus ; cependant, nous prévenons qu'à l'époque XLIII, *où il s'agit de la prise de Sardes par Cyrus, nous n'avons point suivi le nombre de* 285, *adopté par l'Editeur des Marbres d'Oxford, parce qu'il ne peut se concilier avec aucune Chronologie.*

Quelques nuages qu'aient apporté sur la Chronique de Paros, la mutilation des

(*a*) XIX, XXII, XXIII, XXVIII, XXXI, XXXV, XXXVII, XL, XLII, XLII, XLIV, XLVI, XLVIII, LII, LXVIII, LXIX, LXX, LXXIII, LXXV & LXXVII.

(*b*) XLIV, LXV, L, LVI, LIX, LXIII, LXIV, LXV, LXVI & LXVII.

marbres, & l'esprit systématique des Savans qui les ont rectifiés, ce monument précieux n'en est pas moins la base de toute histoire de l'antiquité qui veut marcher à l'appui de la Chronologie.

CHRONOLOGIE

DES

MONARCHIES DE LA GRÈCE.

PREMIER TABLEAU.

L'INTERVALLE que ce premier Tableau renferme, est de 764 ans; c'est le tems qui s'est écoulé entre l'avènement d'Egialée au trône de Sicyone, & celui de Laïus au trône de Thèbes. On sait qu'il n'y a point de Roi connu dans la Grèce, avant Egialée, la tige de la première dynastie de Sicyone.

Les années, marquées après les noms des Rois, désignent la durée de leurs règnes, & les trois premières colonnes de chiffres, la date de leur avènement au trône.

Les trois colonnes de chiffres servent à marquer les époques chronologiques, suivant l'Ere de Callisthène, suivant celle des Marbres de Paros, & en supputant la durée totale jusqu'à nous, c'est-à-dire jusqu'à l'an 1780 de l'Ere vulgaire.

Les Monarchies, dont les règnes sont calculés dans ce Tableau, sont celles de Sicyone, d'Argos, de Thèbes, d'Athènes, de Thessalie, de Phrygie, de Troye, de Lacédémone, de Crète, d'Elide & de Lydie.

Celles de Mycènes & de Corynthe, dont l'origine est moins ancienne, ne se trouveront que dans le second Tableau.

Il ne faut pas s'attendre à trouver, dans ces deux premiers Tableaux, la Macédoine, dont le trône n'a été fondé que par Caranus, un des Héraclides, encore moins l'isle de Chypre, gouvernée, très-postérieurement, par des Rois, & la Sicile, dont Gélon, le premier de ses Souverains, n'a régné que pendant la guerre du Péloponèse.

Parmi les Monarchies antérieures aux Héraclides, on compte l'Arcadie; mais les noms de ses Princes ont totalement disparu de l'Histoire. La Chronologie de cet Etat ne fixe, dans l'espace de près de neuf cents ans, que deux époques certaines, celle de la fondation de son trône, & celle de sa dissolution.

Les annales de la Grèce sont encore plus vagues sur les petites Monarchies de la Locride, de la Doride, d'Ithaque, & de quelques isles de l'Archipel.

Quant aux peuples, qui remplissent les colonnes de notre premier Tableau, il y a quelques éclairciſſemens à donner ſur leur chronologie.

Les règnes d'Amphyction & d'Hellen, ne ſont point évalués dans la colonne de la Theſſalie, parce que l'Hiſtoire garde, à ce ſujet, le ſilence le plus abſolu, & on ne peut ſe permettre des conjectures ingénieuſes, parce que ces règnes ne ſont pas ſucceſſifs, mais collatéraux. Hellen régnait chez les Phthiotes & les Amphyctions aux Thermopyles.

Le vuide de 91 ans, marqué dans la colonne de Lacédémone, entre le Roi qui a donné ſon nom à cette ville & Amyclas, n'eſt pas expreſſément marqué dans l'Hiſtoire, mais il faut néceſſairement l'admettre, quand on veut concilier les faits avec la Chronologie.

CHRONOLOGIE

DES

MONARCHIES DE LA GRÈCE.

SECOND TABLEAU.

L'INTERVALLE que renferme ce Tableau, est de 250 ans; il comprend tous les tems qui se sont écoulés depuis la neuvième année du règne de Laïus à Thèbes, jusqu'à la mort de Codrus, ou, pour présenter des époques plus claires à l'esprit, depuis la fondation du trône de Mycènes, jusqu'à la destruction de la Monarchie d'Athènes, après l'invasion des Héraclides.

Ce Tableau ne présente plus la colonne

d'Argos, dont le Royaume ne ſubſiſte plus, mais il eſt augmenté des liſtes des Rois de Mycènes & de Corynthe.

C'eſt par conjecture que, dans la colonne de la Theſſalie, on place, vers le tems de la priſe de Troye, la mort de Pélée, père d'Achille, & la deſtruction de ſa Monarchie.

On n'a point fixé, dans la Lydie, le règne de Pylémène. Les notions ſur ce ſujet ſont ſi vagues, que des critiques même doutent ſi ce Prince a régné.

On obſervera qu'à l'époque de la mort de Codrus, qui termine la Chronologie de ce Tableau, la Grèce entière change de face, que toutes les anciennes maiſons royales s'anéantiſſent, & que parmi les Etats qui ſubiſſent la révolution générale, les uns ſe fondent en Républiques, & les autres ſubiſſent le joug des Héraclides.

CHRONOLOGIE

DES

MONARCHIES DE LA GRÈCE.

TROISIÈME TABLEAU.

Ce Tableau, partagé en deux grandes colonnes, ſoudiviſées chacune en pluſieurs liſtes de Souverains, préſente une intervalle de 805 ans, qui ſe ſont écoulés depuis l'avènement d'Ariſtodème, un des Heraclides, au trône de Lacédémone, juſqu'à la mort d'Alexandre.

On ne voit point Argos figurer dans ce troiſième Tableau. Cet Etat n'a eu que quatre Rois depuis l'invaſion des Héraclides, Témène, Ciſus, Lacidamas &

Meltas ; encore la durée de leurs règnes n'a point été évaluée dans les anciens monumens. Argos, après Meltas, devint République.

Nous ferons la même observation, soit pour l'Elide, dont les trois Rois, Oxylos, Laïas & Iphitus forment toute leur dynastie ; soit pour Messène, dont la Monarchie momentanée n'existe que par Cresphonte, Euphaës, Aristodème & Aristomène.

Les Rois, que nous avons conservés dans la première colonne de notre Tableau, sont ceux qui ont régné à Lacédémone & à Corynthe, les Archontes perpétuels ou décennaux d'Athènes, & les Souverains de la Macédoine, de la Lydie & de la Phrygie.

On ne voit point, dans les listes de la seconde colonne, les Archontes d'Athènes, parce qu'à cette époque l'Archontat était devenu annuel, ce qui caractérisait la forme républicaine dans le Gouvernement, & nous avons ajouté les Rois plus modernes de Salamine dans l'isle de Chypre, & ceux de Syracuse dans la Sicile.

La liste des Rois de Lacédémone est double depuis le successeur de Théras, à cause des deux trônes fondés à cette époque, & qui furent occupés par les Agides & les Proclides.

Il n'y a rien de si difficile à débrouiller, dans la Chronologie Grecque, que cette partie des annales de Lacédémone; les deux dynasties étant collatérales, se confondent sans cesse; il y a un grand nombre de règnes de cinquante à soixante ans, qui ne sont pas vraisemblables, & d'autres, sur-tout parmi les Proclides, qui n'ont point été évalués par les Historiens.

Pour mettre quelqu'ordre dans ce cahos,

nous avons été obligés de recourir aux conjectures les plus heureuſes. Par exemple, on ſait que l'avènement d'Ariſtodème date de quatre-vingts ans après la priſe de Troye, & ce fait reconnu nous a donné l'époque de l'origine préciſe de la ſeconde Monarchie de Lacédémone.

Les Hiſtoriens n'ont pas fixé la durée des règnes des Agides, depuis Polydore juſqu'à Léonidas I, mais comme on ſait que Léonidas II, ou le Grand, ſucceſſeur de ce dernier, périt aux Thermopyles, ce fait célèbre dans l'hiſtoire Grecque, ſert à donner du moins l'à-peu-près des règnes qui précèdent.

La dynaſtie des Proclides eſt encore plus conjecturale; nous n'avons, pour la fixer, dans les trois premiers ſiècles, que trois points; l'un eſt le trait hiſtorique qui fait vivre Eunome pendant les règnes de Doriſſos

& d'Agésilas ; l'autre est la naissance du grand Lycurgue, connue par les monumens ; le dernier est le rétablissement des Jeux Olympiques, qu'on doit aux soins d'Iphitus & du Législateur de Lacédémone, & qu'on place cent huit ans avant l'Ere des Olympiades.

Il faut observer que, quoique ce troisième Tableau finisse à la mort d'Alexandre, il y a deux Monarchies qui survivent à la grande révolution occasionnée par ce Conquérant ; ce sont celles de Syracuse & de Lacédémone, & quoiqu'à cette époque la Grèce, dans sa décadence, ne mérite plus de fixer les regards de l'Histoire, cependant, nous ajouterons ici ces règnes surabondans, pour completter le Tableau chronologique de toutes les Monarchies.

Syracuse, après l'expulsion de Denys le jeune, se gouverna en République jusqu'à

Agathocle, qui en usurpa la tyrannie, vers l'an 1265 de l'Ere de Paros, & qui s'y maintint pendant 28 ans.

Les Syracusains redevinrent libres, ensuite ils se donnèrent un Roi dans la personne d'Hyéron II, dont l'avènement est de l'an 1307 de l'Ere que nous avons adoptée. Après cinquante-quatre ans de règne, ce Prince laissa sa couronne à son petit-fils Hyéronyme, qui ne fit que passer. Après l'assassinat de ce tyran, Syracuse fut assiégée & prise par Marcellus, l'an 1370 de l'Ere de Paros, qui répond à la première année de la cent quarante-deuxième Olympiade.

La suite des Rois de Lacédémone, pour laisser une idée claire à l'esprit, veut être présentée sous la forme de nos Tableaux.

Agides.	*Proclides.*	Ere de Paros.
Arétas I, (44). . .	. . . .	1273
. . . .	Archidame IV, (30).	1287
Acrotatos I, (1). .	Eudamidas II, (21).	1317
Arétas II, (8). . .	. . . .	1318
Léonidas III, *chassé* (2)	. . . .	1326
Cléombrote II, (15).	. . . .	1328
. . . .	Agis III, (4). . .	1338
. . . .	Eurydame II, (11).	1342
Léonidas III, *rappellé*, (1). . . .	. . . .	1343
Cléomène III, (16).	. . . .	1344
. . . .	Epiclidas, (10). .	1353
Interrègne, (3) . .	. . . .	1360
Agésipolis III, (1).	Lycurgue II, (1) .	1363

A cette époque s'éteignit la race des

Héraclides. Deux tyrans, Machanidas, & Nabis, prirent successivement leur place, & Rome profita de leurs crimes, pour s'emparer de Lacédémone.

RUINES DU TEMPLE DE CORYNTHE.

Nous devons à M. Leroï, de l'Académie des Belles-Lettres, l'homme de Lettres qui a vu, avec les yeux les plus philosophiques, les monumens de la Grèce, & qui les a le mieux dessinés, ces ruines du Temple de Corynthe, ainsi que celles du Parthénon d'Athènes, de son Temple de Thésée, de ses Propylées & de sa Lanterne de Démosthène : c'est aussi sur ses Dessins, que nous donnons ces quatre derniers monumens, rectifiés d'après le goût antique & les règles de l'Architecture.

Les Ruines du Temple de Corynthe peuvent ſe placer au Tome I de l'Hiſtoire de la Grèce, page 149.

RUINES DU PARTHÉNON,

OU

TEMPLE DE MINERVE.

IL faut placer cette Estampe à la page 77 du Tome VI de l'Histoire de la Grèce.

Il s'agit ici du second Temple de Minerve, bâti sur les ruines de celui qui fut brûlé, au tems de l'invasion des Perses : les détails historiques, qui concernent son architecture, se trouvent dans notre Description de l'Athènes de Périclès.

FAÇADE

DU

TEMPLE DE MINERVE,

RESTITUÉE.

Il est difficile, à l'homme de goût qui n'est pas initié dans les mystères de l'art, de deviner, à l'inspection des ruines d'un édifice, quelle fut l'idée primitive de son Architecte. C'est pour rendre l'étude des anciens monumens moins difficile, qu'on a restitué les Ruines Grecques, & en particulier la Façade du Parthénon, ouvrage admirable d'Ictine & de Callicrate.

L'Estampe doit regarder la page 184 du Tome XI de cet Ouvrage.

RUINES DU TEMPLE DE THÉSÉE.

Ce Temple, d'ordre Dorique, & dont l'architecture a beaucoup de rapport avec celle du Parthénon, fut bâti dix ans après la bataille de Salamine, par Cimon, fils de Miltiade : le goût le plus pur respire au milieu de ces ruines vénérables. Les Grecs modernes ont détruit la partie orientale du portique, pour y placer un autel de St. Georges.

Cette Gravure est destinée pour la page 82 du Tome VI de cet Ouvrage.

FAÇADE

DU

TEMPLE DE THÉSÉE,

RESTITUÉE.

CETTE Façade est d'une architecture beaucoup plus simple que celle du Parthénon, car le fronton n'est point chargé de bas-reliefs. Cependant, le Temple de Théſée a probablement servi de modèle au Temple de Minerve.

L'Estampe que nous donnons ici, doit avoir sa place à la page 179 du Tome XI de cette Histoire.

RUINES DES PROPYLÉES.

Les Propylées, un des plus beaux monumens dont s'honore l'Athènes de Périclès, servaient de vestibule à sa citadelle; Mnésiclès revêtit cet édifice tout entier de marbre de Paros, & dépensa pour le construire, près d'onze millions.

On ne voit, dans la Gravure, qu'une partie latérale du monument, qui servait, au milieu du siècle dernier, de magasin à poudre aux Turcs, & dont la foudre a fait sauter tout le plafond. L'Estampe regarde la page 86 du Tome VI de cette Histoire.

PROPYLÉES RESTITUÉES.

Cet monument, fait pour nous donner la plus haute idée de l'Architecture au siècle d'Alexandre, est formé, comme l'on voit, de deux portiques parallèles, terminés chacun par un massif, qui sert de base aux statues équestres des fils de Xénophon. Le corps même de l'édifice est un pérystile, dans le goût du Parthénon, qui conduit aux cinq portes de la citadelle.

Cette Gravure ingénieuse, faite sur les beaux Dessins de l'Auteur des Ruines de la Grèce, *doit être placée à la page* 139 *du Tome XI de cet Ouvrage.*

RUINES DE LA LANTERNE DE DÉMOSTHÈNE.

Cette Tour de marbre, qu'on croit avoir été habitée par le plus grand des Orateurs d'Athènes, lorsqu'il s'exerçait à tout le méchanisme de l'art oratoire, sert aujourd'hui de point d'appui à une masure barbare, connue sous le nom d'Hospice des Capucins : il faut placer l'Estampe qui représente ses ruines, à la page 90 du Tome VI de l'Histoire de la Grèce.

LANTERNE

DE

DÉMOSTHÈNE, RESTITUÉE.

SANS le crayon ingénieux d'un homme de Lettres, inſtruit dans l'art des Vitruve, on devinerait avec peine l'architecture de cette Tour de marbre, dont l'entablement eſt ſoutenu par ſix colonnes magnifiques d'ordre Corynthien, & où l'on a ſculpté, ſur la friſe, les plus beaux bas-reliefs : il faut placer cette Tour reſtituée, à la page 66 du Tome X de cette Hiſtoire.

RUINES DE DÉLOS.

Le culte d'Apollon, adopté sur la moitié du monde connu, & dont Délos était, avec Delphes, le chef-lieu, attirait, dans la première de ces villes, un concours prodigieux de pélerins, qui y apportaient les offrandes de l'Asie & de l'Europe. Peu à peu l'isle entière devint si opulente, que tous les édifices furent construits de marbre & de granit. Aujourd'hui, toutes les ruines de ces monumens sont entassées sans ordre, & ne présentent qu'une vue pittoresque, il est vrai, mais dont il ne résulte aucune connaissance sur l'architecture des édifices. Cette Vue, faite d'après l'Archipel de Dapper, doit être placée à la page 202 du Tome VIII de cette Histoire.

RUINES DE PESTUM.

La ville de Pestum, dans la grande Grèce, n'a jamais joué de rôle dans l'Histoire de l'Antiquité, mais c'est celle dont les ruines se sont le mieux conservées. On les a réunies, de nos jours, dans un livre superbe & très-rare, qui a pour titre: Ruines de Pestum. *Le Temple qu'on voit ici, est le plus apparent de tous; il fait pressentir le goût des Architectes, quoique le monument ne soit pas du beau siècle d'Alexandre.*

La Gravure des Ruines de Pestum, est pour la page 221 du Tome VIII de cette Histoire.

TOMBEAU DE MILASE.

CE *Tombeau, dessiné par les soins de M. le Comte de Choiseul, dans son* Voyage Pittoresque de la Grèce, *est destiné pour la page* 197 *du Tome XI de cette Histoire. L'ingénieux Voyageur observe que les cannelures des colonnes & des pilastres n'occupent que les deux tiers supérieurs du fust : exemple rare dans les anciens monumens. La frise est aussi d'une forme bisarre, & l'on a supprimé la corniche, pour contribuer à la forme pyramidale du sommet de l'édifice.*

Il y avait autrefois, en Italie, sur la Voye Porto, un mausolée de la même forme que celui de Milase : on le détruisit sous le pontificat d'Alexandre VI, & il a été restitué dans les Antiquités de Montfaucon.

TEMPLE GREC, EN FORME DE ROTONDE.

*Ce bel Edifice, dont le dessin a été donné au P. Montfaucon, par un homme de goût, nommé Astley, se trouve dans le Tome II de l'*Antiquité Expliquée; *mais rien n'indique, dans l'Ouvrage du Savant Bénédictin, quelle Divinité on y honorait, ni même dans quelle ville de la Grèce on l'avait élevé. Dans cette incertitude, n'ayant pu en parler dans le cours de l'Histoire de la Grèce, nous n'avons assigné aucune place précise à la Gravure. Cependant, comme le Temple est d'un très-bon goût, nous conseillons de le* *placer dans un des chapitres de la vie de Périclès, & particulièrement à la page 303 du Tome V de cette Histoire, où il est dit que ce grand homme employa les richesses immenses qu'il avait amoncelées, après la paix d'Artaxerxe, à décorer sa patrie de monumens propres à en faire une seconde Babylone.*

Ce Temple (qui cependant n'est point dans les Ruines d'Athènes) subsiste, dit-on, en entier; sa voûte s'élève par-dessus l'entablement, comme une espèce de coupole; ce qui est fort rare dans les temples qui nous restent de l'Antiquité. Le péryst ile extérieur est formé de colonnes Corynthiennes, posées, avec leur socle, sur un massif de pierres de taille, & on monte à l'édifice par un escalier à douze degrés, qui n'a rien que de très-simple dans son architecture.

MIROIR ARDENT

D'ARCHIMÈDE.

CETTE Gravure, qui n'avait encore jamais été dessinée, doit regarder la page 15 du Tome VIII de l'Histoire de la Grèce. L'idée en a été prise sur les Textes réunis du Poète Tzetzès & de l'Historien Zonare. On voit que le méchanisme du Miroir consistait en un grand miroir exagone, placé au centre de l'appareil, & entouré d'une infinité d'autres très-petits, d'un grand nombre d'angles chacun, qu'on faisait mouvoir par des mouvemens de charnières & de ressorts. L'effet de ce Miroir ardent fut de brûler, à une distance d'environ deux cents pieds, la flotte Romaine, qui manœuvrait devant les remparts de Syracuse.

HÉLÉPOLE
DE
DÉMÉTRIUS.

CETTE fameuse Machine de guerre, employée par Demétrius Poliocertes, au siége de Rhodes, a été dessinée, avec la plus grande exactitude, sur les textes de Diodore de Sicile ; car, jusqu'ici, tous les Plans que le Chevalier Folard, & d'autres Ecrivains modernes en ont donnés, sont infidèles ; on peut voir, à la page 100 du Tome VIII de cet Ouvrage, le méchanisme ingénieux de cette Tour, & son histoire.

PÉRIDROME.

CETTE Machine de guerre, faite pour seconder les effets de l'Hélépole, portait un bélier énorme, étendu transversalement vers la base, & destiné à battre les remparts de Rhodes, assiégée par Démétrius. La Gravure est tirée du beau Polybe du Chevalier Folard, & elle doit regarder la page 109 du Tome VIII de cette Histoire.

PERSÉE.

CETTE copie d'une Statue restaurée du Palais Lanti, est tirée du Recueil d'Adams ; on y voit le Héros assis sur un piédestal, tenant son épée à la main, & ayant à ses pieds la tête de Méduse : il faut placer la Gravure qui représente ce Persée, à la page 5 du Tome II de cette Histoire. Quelqu'estimée que soit la statue antique, il faut bien se garder de la mettre dans le rang de l'Hercule Farnèse, ou de la Vénus de Médicis.

ENLEVEMENT DE GANIMÈDE.

Le Groupe antique de Léocharès, représentant, suivant l'expression de Pline, un aigle qui enlève Ganimède, & qui semble respecter à-la-fois & la proie qu'il ravit, & le Dieu auquel il la porte, ce groupe admirable, dis-je, n'a point échappé à la destruction; mais le Titien, échauffé par ce texte de Pline, a rendu la composition de Léocharès dans un de ses meilleurs Tableaux, & il n'est point indifférent à l'Art, de voir comment un des plus grands Peintres du siècle des Médicis a rendu la production d'un des premiers Sculpteurs du siècle d'Alexandre.

La Gravure de l'Enlèvement de Ganimède, faite d'après le Titien, sur le Dessin de Léocharès, doit être placée à la page 83 du Tome II de cette Histoire.

PÂRIS.

CETTE Statue très connue du Palais Altems, représente le Héros assis, & tenant la pomme d'or à la main ; il est probable que le Sculpteur l'avait mis en regard avec les trois Déesses dont il appréciait les charmes ; mais le tems a mutilé ce grouppe : les trois statues où l'Artiste avait épuisé son génie, pour représenter trois caractères de beauté, ne sont plus, & il ne nous reste que le morceau le plus faible, du moins à en iuger par la tête, qui est sans physionomie.

L'Estampe de Pâris doit être placée à la tête de l'histoire du Héros, c'est-à-dire à la page 235 du Tome II de cet Ouvrage.

VASE

DU SACRIFICE D'IPHIGÉNIE.

Ce beau monument de Sculpture, qui représente Iphigénie au pied de l'autel de Diane, & dans l'attente de la mort qu'elle va subir, est décrit, en détail, à l'endroit où on doit le placer, c'est-à-dire à la page 284 du Tome II de cette Histoire.

TAUREAU FARNÈSE.

Ce Grouppe célèbre, qui représente les fils d'Antiope attachant Dircé, par les cheveux, à la queue d'un taureau indompté, doit être placé à la page 25 du Tome III, où cette anecdote de l'histoire de Thèbes est rapportée. Quant à la description du monument, on la trouve, avec tous ses détails, dans le chapitre de la Sculpture, qu'on lit au Tome XI de cet Ouvrage.

HERMAPHRODITE.

Cet ouvrage admirable de Polyclès, où l'Artiste a voulu rendre le composé le plus voluptueux des grâces d'un sexe & de la vigueur de l'autre, doit regarder la page 53 du Tome III, où est l'histoire de Tiréstas, le plus célèbre des Hermaphrodites.

HERCULE ET ANTÉE.

CE Grouppe du Palais Pitti à Florence, est regardé, par Maffëi, comme un ouvrage de Polyclète, un des plus grands Artistes du siècle d'Alexandre. Winckelman, moins indulgent, déclare, dans la Préface de son Histoire de l'Art, *que cet essai d'un Sculpteur obscur, n'est pas même un ouvrage du second ordre; il est certain qu'on trouve assez de beautés dans ce monument pour justifier l'idée de Maffëi, & assez d'incorrections pour rendre vraisemblable l'opinion de Winckelman.*

Le trait de l'Histoire d'Hercule, auquel cette Gravure fait allusion, est à la page 94 du Tome III de cet Ouvrage.

HERCULE
SOUTENANT LE CIEL.

CETTE Sculpture, d'un travail très-fini, est le caprice d'un Artiste Grec, qui fit une lampe, d'un des plus phantastiques des travaux d'Hercule : la place de l'Estampe est à la page 120 du Tome III de cette Histoire.

MÉLÉAGRE.

CETTE Eſtampe eſt tirée du Recueil de Maffei ; le Héros de l'Etolie y eſt repréſenté, ayant à ſa droite un chien de chaſſe, & à ſa gauche la tête déſigurée du ſanglier de Calydon. On connaît cette belle ſtatue ſous le nom du Méléagre des Piccini. L'hiſtoire, à laquelle la Gravure ſe rapporte, ſe trouve à la page 228 du Tome III de cet Ouvrage.

HIPPOMÈNE ET ATALANTE.

Ce Grouppe, d'une belle exécution, quoiqu'un peu lourd, pour la légéreté des héros qu'il repréſente, eſt d'un Artiſte Grec, dont le nom n'eſt point parvenu juſqu'à nous. Il faut placer l'Eſtampe à l'hiſtoire d'Atalante, qu'on lit à la page 42 du Tome IV de cet Ouvrage.

THÉSÉE,

VAINQUEUR DU MINOTAURE.

CETTE Gravure repréſente le ſeul tableau qui puiſſe nous donner quelqu'idée de la Peinture au ſiècle d'Alexandre. Il à été trouvé dans les ruines d'Herculanum. Le ſujet en eſt expliqué dans l'hiſtoire du héros d'Athènes, à la page 47 du Tome IV de cet Ouvrage.

AUTEL

DES ORGIES BACHIQUES.

CE bel Autel de marbre, qui appartenait autrefois à Christine, Reine de Suède, représente, dans ses bas-reliefs, les Orgies des Bachantes. Comme ce monument n'est pas ici, à cause de ses bas-reliefs, il est inutile de l'insérer au chapitre de l'histoire de Bachus. Notre objet a été uniquement de donner un Autel Grec d'un très-bon goût, & sa place est à l'histoire de la Religiou des Monarchies du Péloponèse, dont nous avons tracé le tableau à l'époque de l'invasion des Héraclides. L'Estampe doit donc regarder la page 98 du Tome IV de cette Histoire.

ANTINOÜS.

Cette ſuperbe Statue, dont la tête eſt après l'Apollon du Belvédère, celle de l'antiquité qui caractériſe le plus une belle adoleſcence, ne peut être du ſiècle d'Adrien, où l'art de la Sculpture penchait vers ſa décadence; auſſi Winckelman, dont les cheveux avaient blanchi ſur les antiquités de la Grèce, croyait que ce prétendu Antinoüs n'était qu'un Méléagre, ouvrage d'un des meilleurs Artiſtes du ſiècle d'Alexandre. Cette opinion eſt d'autant plus vraiſemblable, qu'il y a, dans Rome, de vrais Antinoüs, qui ne reſſemblent point au ſuperbe monument du Belvédère. Tel eſt un Buſte de la Vigne Albani, & une Tête coloſſale de Mondragone. Dans cette in-

certitude, nous n'avons pas osé analyser, dans le chapitre de la Sculpture Grecque, le bel Antinoüs, dont nous donnons la copie, & comme cette Estampe n'a point de place déterminée, on peut l'insérer à la page 207 du Tome VII de cet Ouvrage, où il est parlé vaguement des Ganymède ou des Antinoüs.

APOLLON DU BELVÉDÈRE.

Nous n'avons rien à ajouter à la description détaillée que nous avons donnée de ce chef-d'œuvre de l'art des Grecs, & peut-être de l'esprit humain, à la page 59 du Tome VIII de cette Histoire.

GROUPPE DE LUTTEURS.

Ce beau monument de Sculpture représente deux Athlètes, dont celui qui est terrassé se débat encore, pour disputer un reste de victoire. Il a été transporté de Rome au Cabinet du Grand-Duc à Florence. Winckelman croit que ce sont deux des enfans de Niobé, qui s'exercent dans la Gymnastique, & qui ont été détachés de la grande composition de la Vigne de Médicis, où toute la famille de Niobé périt par les flèches de Diane & d'Apollon. La place du Grouppe des Lutteurs est à la page 77 du Tome IX de cette Histoire.

LE GLADIATEUR.

CETTE *belle Statue de la Vigne Borghèſe, porte improprement le nom de Gladiateur; mais ce n'eſt pas par la raiſon qu'en donne Winckelman*, qu'on n'éleva jamais de ſtatues à de ſimples Gladiateurs; *c'eſt parce que le caractère de la figure ne déſigne qu'un Athlète Grec, qui s'exerce au Pugilat. Il faut que ce beau monument de Sculpture regarde la page 79 du Tome IX de cette Hiſtoire.*

LE GLADIATEUR MOURANT.

LA description de ce beau monument de l'art Grec est à la page 82 du Tome IX de cet Ouvrage. Le Savant Auteur de l'Histoire de l'Art *juge, au caractère de la figure, que c'est un homme de la classe du peuple qui a mené une vie laborieuse; il croit que c'est un Héraut. Assurément ce ne peut être un Gladiateur, parce que cet Art sanglant, qui a fait les délices de Rome dégradée, a toujours été inconnu dans les beaux siècles de la Grèce.*

PYRRHUS.

CETTE belle Statue du Capitole, qui représente un Héros avec de la barbe, ne peut être, suivant Winckelman, un Pyrrhus, parce que les successeurs d'Alexandre se faisaient raser. Peut-être le Sculpteur a-t-il cru, en donnant de la barbe à Pyrrhus, ajouter à son air de dignité. Quoiqu'il en soit, cette Estampe doit être placée à la vie du Héros de l'Epire, qui se trouve à la page 307 du Tome IX de cette Histoire.

BACHUS DORMANT.

Cette belle Statue de Bachus endormi, & couché sur une roche, est tirée du Recueil de Maffei ; c'est, comme le beau Faune du Palais Barberini, l'image d'une Nature naïve, & abandonnée à elle-même : on regrette seulement que le caractère de la tête ne désigne pas la beauté du Dieu, toujours représenté dans son adolescence. On connaît un autre Sommeil, en marbre noir, qui décore la Vigne Borghèse, & que le crédule Montfaucon a pris pour une antique, quoique ce soit un morceau très-moderne de l'Algarde.

Le Bachus dormant, que nous donnons gravé, peut être placé dans tous les Volumes de l'Histoire de la Grèce, où l'on parle de

Bachus, mais sur-tout à la vage 342 du Tome X, où l'on voit que les Indiens contèrent à Alexandre qu'ils possédaient la montagne, où le Dieu du vin était né de la cuisse de Jupiter.

HERCULE FARNÈSE.

Nous n'avons rien à ajouter à la description que nous avons donnée de ce chef-d'œuvre de l'esprit humain, à la page 159 du Tome XI de cette Histoire. Cet ouvrage superbe de l'Athénien Glycon commande l'enthousiasme, & semble au-dessus de nos éloges.

VÉNUS DE MÉDICIS.

CETTE Figure, *la plus ſvelte de toutes celles qui nous reſtent de l'antiquité, eſt peut-être la plus belle Vénus qui ſoit dans l'univers. Winckelman l'a caractériſée en Poète, quand il a dit que c'eſt une roſe qui paraît à la ſuite d'une belle aurore, & qui s'épanouit au lever du Soleil. Nous avons parlé très-au-long de cette roſe de Winckelman, à la page* 160 *du Tome XI de cet Ouvrage.*

GROUPPE DE LAOCOON.

Nous nous sommes déja livrés à notre enthousiasme, en décrivant ce chef-d'œuvre de l'Art, à la page 165 du Tome XI de cette Histoire, & nous y renvoyons. Malheur à l'ame de glace qui chercherait à discuter, si le ciseau qui anima ce Grouppe admirable appartenait à un homme de génie !

DIANE D'EPHÈSE.

Il faut demander pardon à l'homme de goût de mettre sous ses yeux cette Diane, faite dans le caractère des momies, qui soutient, au-dessus de son sein, deux génies ailés couronnant un cancre, & dont le corps, enveloppé de langes, porte des lions, des béliers & des taureaux en bas-reliefs. Ce chef-d'œuvre de la barbarie Egyptienne se conservait cependant, dit-on, à cause de sa prodigieuse antiquité, dans le Temple d'Ephèse, une des merveilles du monde. On sent qu'une pareille Statue, qui blesse toutes les convenances de l'art, & toutes les règles du goût, ne mérite pas d'être transmise à la postérité, comme un monument de Sculpture, mais comme un monument de religion. La place de la Gravure sera, si l'on veut à la page 56 du Tome XII de cette Histoire.

MARSYAS.

Ce beau marbre est tiré du Recueil de Maffëi : on le voit à Rome, & les gens de l'Art en admirent le dessin. Marsyas est représenté lié à un arbre, au moment où il va être écorché vif, pour avoir disputé à Apollon le prix de l'harmonie. On peut placer la Gravure à la page 16 du Tome XII de cet Ouvrage.

VÉNUS SORTANT DES EAUX.

CETTE Statue, qui nous paraît si massive, sur-tout quand on la met en regard avec la Vénus de Médicis, a cependant tous les caractères de la beauté antique. En général, les Artistes du siècle d'Alexandre ne croyaient pas qu'une taille très-svelte désignât le chef-d'œuvre de la Nature, & cette erreur (si c'en est une) fut adoptée universellement par les plus grands Artistes du siècle des Médicis, comme on peut s'en convaincre par les Tableaux admirables de Raphaël, du Guide, du Corrège & du Titien. La place de la Vénus sortant des eaux, est à la page 113 du Tome XII de cet Ouvrage.

FIN.

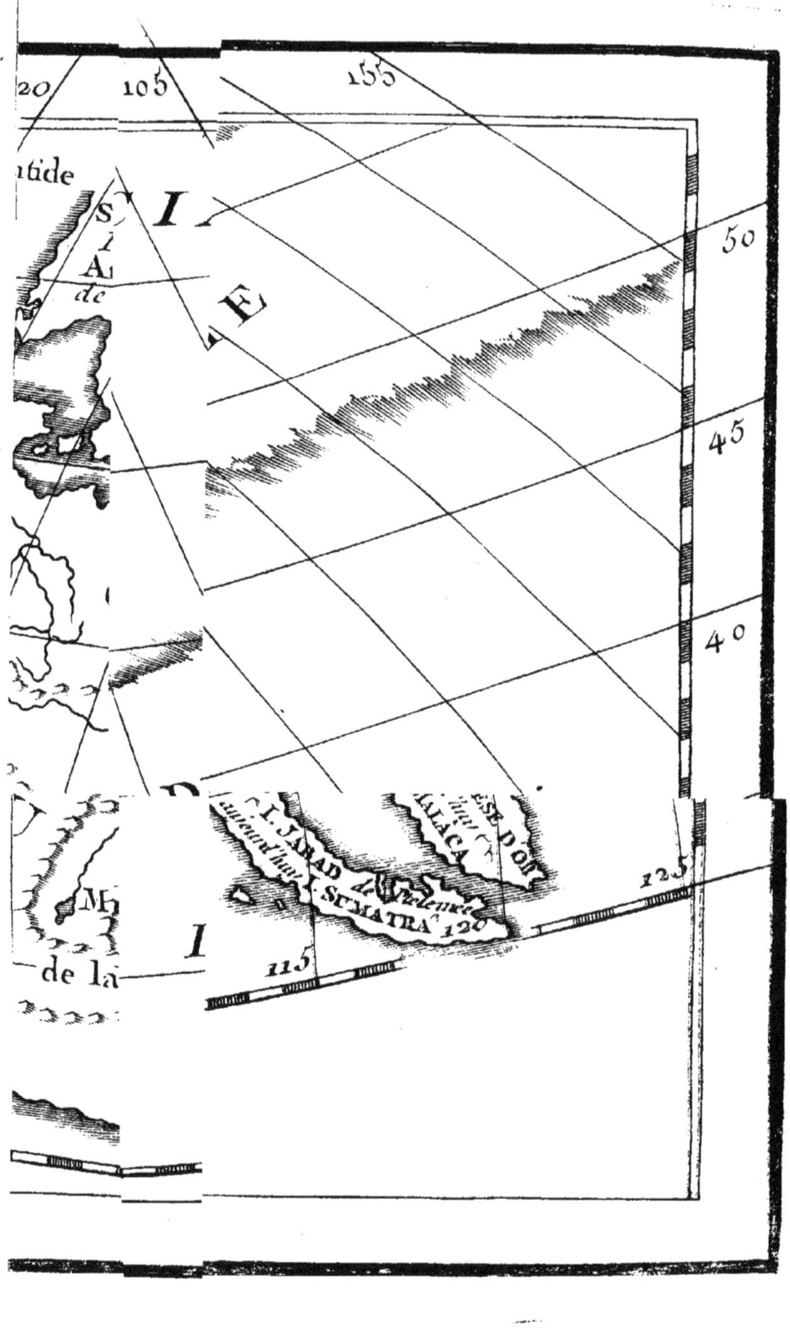

105
50
45
40
I. JABAD
I. SUMATRA
125
120
115
de la

CARTE
DU
MONDE PRIMITIF
à l'époque
de la fondation des premiers
Empires connus.
MER GLACIALE
EUROPE
PLATEAU DE LA TARTARIE
PONT EUXIN
MER CASPIENNE
ASIE
MEDITERRANÉE
ARABIE
ETHYOPIE
ABISSINIE
AFRIQUE
ETHYOPIE INTÉRIEURE
MER ERYTHRÉE OU MER DES INDES
PRESQU'ISLE DE L'INDE
GOLFE DU GANGE
GOLFE DE BENGALE
SINE OU CHINE
OCEAN ATLANTIQUE selon les Anciens
Equateur ou Ligne
Equinoctiale

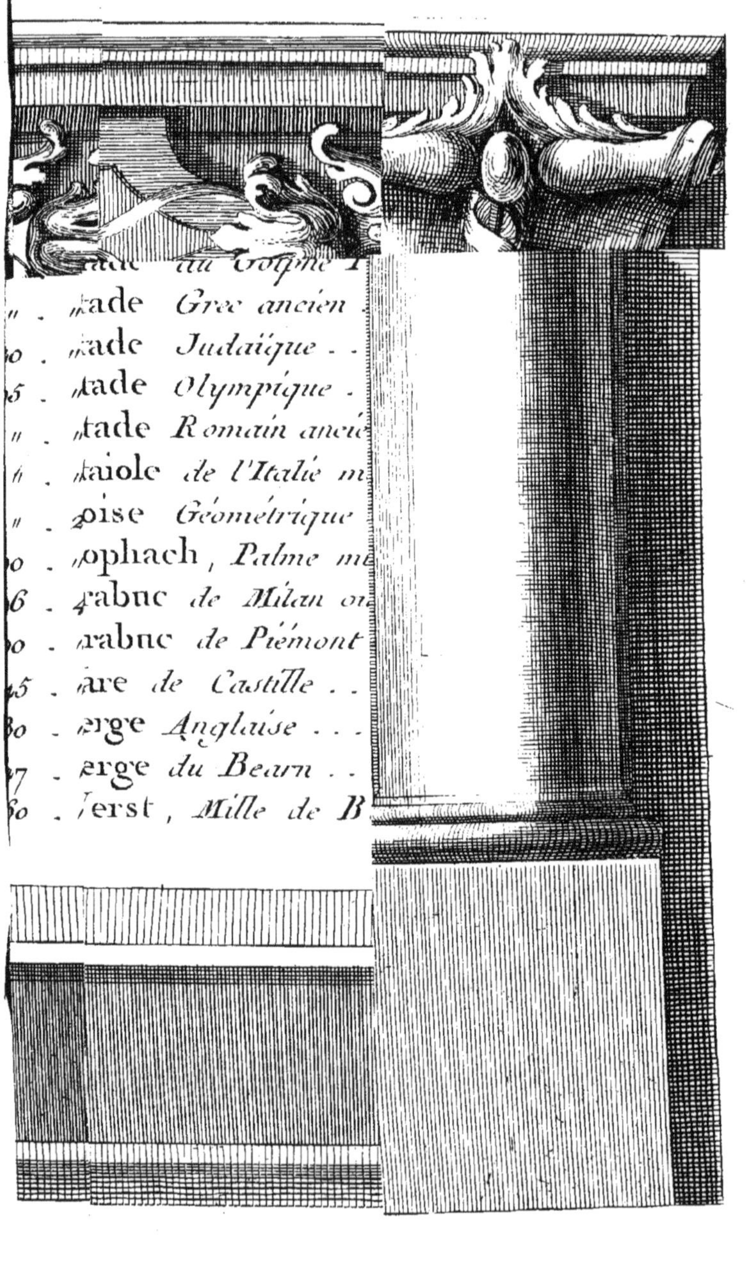

tade Grec ancien
tade Judaïque
tade Olympique
tade Romain ancie
taiole de l'Italie m
oise Géométrique
ophach, Palme me
rabuc de Milan ou
rabuc de Piémont
are de Castille
erge Anglaise
erge du Bearn
erst, Mille de B

TABLE ALPHABÉTIQUE des Mesures Itinéraires tant Anciennes que Modernes

	Toises	Pieds	Pouces	Lignes
Agasi, *Parasange Turque*	1944	3	»	»
Ameh, *Coudée sacrée des Hebreux*	»	1	8	5
Archine, *Verge de Russie*	»	2	2	6 1/10
Arsine, *Toise de Russie*	»	5	3	4
Asparez, *Mille d'Arménie*	754	4	»	»
Béma, *Pas commun des Grecs*	»	1	10	»
Berath, *Mille Judaïque*	569	3	»	»
Brasse *Angloise*	»	4	8	»
Brasse *Françoise*	»	5	»	»
Canne *d'Ezechiel*	»	3	6	»
Chaîne *des Architectes d'Italie*	6	3	6	»
Ché, *Pied ancien de la Chine*	»	7	6	»
Codam *du Coromandel*	6750	»	»	»
Codam *de Malabar*	9000	»	»	»
Coss, *Lieue de l'Inde*	2333	»	»	»
Coudée *naturelle*	»	1	5	»
Coudée *Angloise*	»	1	2	»
Coudée *Arabe commune*	»	1	6	1 1/10
Coudée *Arabe noire*	»	1	8	4 1/5
Coudée *de Babylone ancienne*	»	1	7	»
Coudée *de la Chine ancienne, mais fabuleuse*	»	»	7	6
Coudée *des Hebreux commune*	»	1	5	»
Coudée *des Hebreux, suivant les Rabbins*	»	1	11	3
Degré de la Terre *au Siecle d'Aristote*	50661	»	»	»
Degré, *suivant les Arabes*	47188	»	»	»
Degré, *suivant Eratosthene*	53200	»	»	»
Degré, *suivant Posidonius*	57067	»	»	»
Degré, *en Autriche*	57086	»	»	»
Degré, *au Cap de Bonne Espérance*	57037	»	»	»
Degré, *au Cercle Polaire*	57438	»	»	»
Degré, *à l'Equateur*	56750	»	»	»
Degré, *en Hongrie*	56881	»	»	»
Degré, *autour de Paris, suivant Picard*	57060	»	»	»
Degré, *autour de Paris, rectifié*	57072	»	»	»
Degré, *en Pensylvanie*	56888	»	»	»
Degré, *en Piémont*	57069	»	»	»
Degré, *entre Rome et Rimini*	56979	»	»	»
Doigt	»	»	»	9
Drah, *Coudée Egyptienne du Nilomètre*	»	1	8	44/100
Empan, *Palme Anglois*	»	»	9	»
Fuen *de la Chine, ou 10 Grains de Mil*	»	»	»	9
Gau *de l'Inde*	5840	»	»	»
Giam *des Arabes*	8200	»	»	»
Grains d'Orge *de l'Orient, les dix font*	»	»	»	9
Grains de Ris *de Siam, les huit font*	»	»	»	9
Hasheuide, *ancienne Coudée des Arabes*	»	1	3	»
Hiam, *Journée de Tartarie*	9000	»	»	»
Li, *de la Chine*	296	4	»	»
Lieue *de l'Amérique Espagnole*	2500	»	»	»
Lieue *de Bohême appellée* Mille	3343	»	»	»
Lieue *de Danemarck appellée* Mille	3830	»	»	»
Lieue *d'Espagne légale*	2147	»	»	»
Lieue *d'Espagne commune*	2860	»	»	»
Lieue *Françoise légale*	2200	»	»	»
Lieue *Françoise Vulgaire*	2000	»	»	»
Lieue *Françoise Astronomique*	2283	»	»	»
Lieue *Françoise dans quelques Provinces*	3000	»	»	»
Lieue *Françoise, suivant les Ingénieurs*	2400	»	»	»
Lieue *Gauloise ancienne*	1134	»	»	»
Lieue *Gauloise du moyen âge*	3000	»	»	»
Lieue *Germanique ancienne*	2217	»	»	»
Lieue *Germanique du moyen âge*	4536	»	»	»
Lieue *Germanique moderne, appellée* Mille	1217	»	»	»
Lieue *Rhinlandique appellée* Mille	3863	4	5	4
Lieue *Saxonne, appellée* Mille	4550	»	»	»
Lieue *de Silésie, appellée* Mille	3324	»	»	»
Lieue *de Suède, appellée* Mille	5483	»	»	»
Maie *d'Arménie*	»	»	1	6
Migerie, *Mille Espagnol*	713	4	»	»
Mille *d'Angleterre*	826	»	»	»
Mille *d'Ecosse*	1147	»	»	»
Mille *de France*	1000	»	»	»
Mille *de l'Inde ancien*	500	»	»	»
Mille *d'Irlande*	1052	»	»	»
Mille *d'Italie*	938	»	»	»
Mille *Lombard*	848	4	6	»
Mille *de Piémont*	864	»	»	»
Mille *Romain ancien*	756	»	»	»
Mille *Romain moderne*	764	1	6	6
Mille *Venitien*	992	»	»	»
Nali, *Lieue du Malabar*	1200	»	»	»
Nari, *Lieue du Coromandel*	900	»	»	»
Olene, *Coudée Grecque*	»	1	5	»
Orgye, *espéce de Toise Grecque*	»	5	6	»
Palaiste ou Dochmé, *Palme mineur des Grecs*	»	»	3	»
Palme *d'Italie moderne*	»	»	8	3
Palme *de Portugal*	»	»	8	1 1/2
Parasange *Perse*	2268	»	»	»
Parasange *Persanne*	2835	»	»	»
Parseh, *Parasange des Hebreux*	2268	»	»	»
Pas *Anglois*	»	3	10	8
Pas *Arménien*	»	4	6	»
Pas *Chinois*	»	»	»	»
Pas *François naturel*	»	2	6	»
Pas *François Militaire*	»	2	»	»
Pas *François Géométrique*	»	5	»	»
Pas *Grec ou* Béma	»	1	10	»
Pas *Romain*	»	1	10	8
Perche *d'Angleterre*	2	»	10	»
Perche *d'Arabie*	1	4	10	»
Pic, *Mesure du Levant*	»	2	11	3 1/2
Pied *naturel*	»	»	9	1/2
Pied *Géométrique*	»	1	»	»
Pied *d'Alexandrie ou Philetérien*	»	1	1	1/2
Pied *Anglois*	»	»	11	3 1/2
Pied *Arabe*	»	»	9	10 1/2
Pied *Arménien*	»	»	9	»
Pied *de Bohême*	»	»	11	1 3/4
Pied *de Bologne*	»	1	2	4/10
Pied *de Castille*	»	»	10	3 1/2
Pied *Chinois*	»	»	11	10 1/2
Pied *de Cyrène ou Ptolémaïque*	»	»	11	4 1/2
Pied *de Danemarck*	»	»	11	9 1/2
Pied *de Drusus*	»	1	»	3
Pied *Egyptien ancien*	»	1	»	4/10
Pied *Grec ancien*	»	»	11	4 1/3
Pied *Liuprand des Lombards*	»	1	4	»
Pied *de Padoue*	»	1	3	9 1/6
Pied *des Pays Bas*	»	»	10	4
Pied *Philetérien, c'est le Pied d'Alexandrie*	»	1	»	1/2
Pied *Ptolémaïque, c'est le Pied de Cyrène*	»	»	11	4 1/2
Pied *du Rhin*	»	»	11	7/12
Pied *Romain*	»	»	10	10 1/3
Pied *de Suède*	»	»	10	11 1/2
Pied *de Turin*	»	1	6	11 1/2
Pied *de Venise*	»	»	10	1/4
Pied *de Vienne en Autriche*	»	»	11	8 1/2
Plethre, *Mesure du Monde primitif*	15	4	9	6
Pouce *Géométrique*	»	»	1	»
Quadre, *Mesure Espagnole en Amérique*	50	»	»	»
Raste, *Lieue Germanique*	2217	»	»	»
Rez, *Stade Judaïque*	71	»	»	»
Roe-ning, *Lieue de Siam*	1973	»	»	»
Ruthe, *Verge Germanique*	1	1	6	8 1/2
Sazen *de Russie*	1	3	10	»
Schêne *Egyptien majeur*	6036	»	»	»
Schêne *Egyptien commun*	3024	»	»	»
Spanna, *Palme majeur du moyen âge*	»	»	9	»
Spithame, *Palme majeur des Grecs*	»	»	9	»
Stade *d'Alexandrie*	78	»	»	»
Stade *d'Assyrie*	94	»	»	»
Stade *de Delphes ou Pythique*	125	»	»	»
Stade *Egyptien commun*	51	3	»	»
Stade *Egyptien majeur*	114	»	10	»
Stade *Gaulois*	74	»	»	»
Stade *du Golphe Persique*	51	»	»	»
Stade *Grec ancien*	51	»	»	»
Stade *Judaïque*	71	»	»	»
Stade *Olympique*	94	3	»	»
Stade *Romain ancien*	75	3	7	2
Saiole *de l'Italie moderne*	»	3	11	5
Toise *Géométrique*	1	»	»	»
Tophach, *Palme mineur des Hebreux*	»	»	3	3
Trabuc *de Milan ou Toise*	1	»	1	4
Trabuc *de Piémont*	»	5	6	10
Vare *de Castille*	»	2	6	11
Verge *Angloise*	»	2	4	»
Verge *du Bearn*	»	2	3	»
Werst, *Mille de Russie*	547	»	»	»

IERS.

…NDI	…re de …isthene	Durée jusqu'à nous
… le Piois	1669	2341
… Ambassa	1674	2336
… le Cresu		
… et joue	1693	2317
Amp… ès l'ass		
…iotes. dius et	1718	2292
… Théâtre	1722	2288
…re dan	1735	2275
……	1739	2271
…ensonide	1740	2270
……	1743	2267
…taille a	1747	2263

Chronique des Marbres de Paros.

Époques	Première Colonne	Ère de Paros	Ère de Callisthène	Durée jusqu'à nous
I	Civilisation de l'Attique, et règne de Cécrops	0	648	3361
II	Règne de Deucalion en Lycorie	5	656	3354
III	Premier jugement rendu au Tribunal de l'Aréopage	20	692	3312
IV	Déluge de Deucalion	53	721	3289
V	Règne d'Amphictyon aux Thermopyles, origine de la ligue des Amphictyons	60	728	3282
VI	Avènement d'Hellen qui donne son nom aux Grecs jusque là dits de [illegible]	61	729	3281
VII	Fondation de la Citadelle de Thèbes par Cadmus			
VIII	Règnes d'Eurotas et de Lacédémon en Laconie	66	734	3276
IX	Le [illegible] conduit Danaüs sorti de l'Égypte et aborde en Grèce	72	740	3270
X	[illegible] les courses des Chars au Spectacle des Panathénées	76	724	3286
XI	[illegible] du premier [illegible] dans la Crète	85	738	3222
XII	Cérès [illegible] aux Peuples de l'Attique à ensemencer les terres	97	811	3250
XIII	Triptolème [illegible] les Fêtes d'Eleusis	156	824	3186
XIV	Poème d'Orphée sur l'enlèvement de Proserpine	183	831	3179
XV	Publication des poésies de Musée par son fils Eumolpe			
XVI	Première Cérémonie religieuse de la Lustration	238	904	3126
XVII	Institution des Jeux Gymniques à Eleusis			
XVIII	Établissement des Jeux Lycéens, en Arcadie			
XIX	Hercule est initié dans les mystères d'Eleusis			
XX	Un Oracle ordonne aux Athéniens d'expier le meurtre d'Androgée	287	935	3075
XXI	Thésée donne des lois à Athènes et institue les Jeux Isthmiques	323	971	3039
XXII	Invasion de la [illegible] d'Amazones	326	974	3036
XXIII	Avènement d'Adraste au Trône d'Argos	331	979	3031
XXIV	Commencement de la guerre de Troie	364	1012	2998
XXV	Prise et incendie de Troie	371	1021	2989
XXVI	L'Aréopage absout Oreste de son parricide	376	1024	2986
XXVII	Teucer bâtit Salamine	420	1068	2942
XXVIII	Nélée fonde des Villes sur les Côtes de l'Asie mineure	536	1184	2826
XXIX	Temps où florissait Hésiode	636	1286	2724
XXX	Temps où florissait Homère	671	1323	2687
XXXI	Phidon d'Argos imagine les poids et les mesures	687	1335	2675
XXXII	Archias conduit une colonie de Corinthe à Syracuse	824	1472	2538
XXXIII	Créon est établi le premier Archonte annuel d'Athènes	898	1546	2464
XXXIV	Le Poète Tyrtée combat pour Lacédémone	900	1548	2463
XXXV	L'Harmoniste Terpandre imagine de nouveaux accords en musique	937	1585	2425
XXXVI	Avènement d'Alyatte au Trône de Lydie	977	1625	2385
XXXVII	Sappho quitte Mitylène et se rend à Syracuse	988	1636	2374
XXXVIII	Prise de Cyrrha par la ligue des Amphictyons	991	1639	2371
XXXIX	Renouvellement des Jeux Stéphanites	1000	1648	2362
XL	Première représentation de la Comédie à Athènes			

Époques	Seconde Colonne	Ère de Paros	Ère de Callisthène	Durée jusqu'à nous
XLI	Commencement de la tyrannie de Pisistrate	1021	1669	2341
XLII	Crésus Roi de Lydie envoie des Ambassadeurs à Delphes	1026	1674	2336
XLIII	Cyrus prend Sardes. Captivité de Crésus			
XLIV	Thespis monte sur ses tréteaux et joue la tragédie	1045	1693	2317
XLV	Règne de Darius en Perse après l'assassinat du Mage			
XLVI	Meurtre d'Hipparque par Harmodius et Aristogiton	1070	1718	2292
XLVII	Introduction des Chœurs sur le Théâtre d'Athènes	1074	1722	2288
XLVIII	Fondation d'un Temple de Minerve dans Athènes	1087	1735	2275
XLIX	Bataille de Marathon	1091	1739	2271
L	Époque où florit l'Ancien Simonide	1092	1740	2270
LI	Naissance d'Euripide	1095	1743	2267
LII	Combats des Thermopyles et bataille de Salamine	1099	1747	2263
LIII	Bataille de Platée. Première éruption du Mont Etna	1100	1748	2262
LIV	Gélon exerce la tyrannie dans Syracuse	1101	1749	2261
LV	Statues érigées dans Athènes à Harmodius et à Aristogiton	1101	1750	2260
LVI	Tyrannie d'Hiéron à Syracuse	1109	1757	2253
LVII	Eschyle remporte le prix de la Tragédie	1112	1760	2250
LVIII	Mort du Poète Simonide	1113	1761	2249
LIX	Archélaüs succède à Perdiccas, Roi de Macédoine	1120	1767	2243
LX	Mort du Poète Eschyle	1125	1773	2237
LXI	Euripide remporte pour la première fois le prix de la Tragédie	1139	1787	2223
LXII	Avènement d'Archélaüs au Trône de Macédoine	1162	1810	2200
LXIII	Tyrannie de Denys l'Ancien à Syracuse	1174	1822	2188
LXIV	Mort d'Euripide	1175	1823	2187
LXV	Expédition de Cyrus le jeune et mort de Sophocle	1176	1824	2186
LXVI	Prix de [illegible] remporté par [illegible] de Sélinonte	1180	1828	2182
LXVII	Supplice du Philosophe Socrate, retour des Dix Mille	1182	1830	2180
LXVIII	[illegible] donne dans Athènes les premiers éléments de la [illegible]	1183	1831	2179
LXIX	[illegible] remporte le prix de [illegible]			
LXX	Mort du Poète Philoxène	1202	1850	2160
LXXI	Prix de la Comédie remporté par Anaxandride	1205	1853	2157
LXXII	Apparition d'une grande comète	1206	1857	2153
LXXIII	Bataille de Leuctres	1211	1859	2151
LXXIV	Mégalopolis est construite en Arcadie	1212	1860	2150
LXXV	Mort de Denys l'ancien Tyran de Sicile	1214	1862	2148
LXXVI	Les Phocéens pillent le Temple de Delphes	1224	1872	2138
LXXVII	Avènement de Philippe au Trône de Macédoine	1225	1873	2137
LXXVIII	Naissance d'Alexandre le Grand	1227	1875	2135
LXXIX	Callippe tue Dion et se fait Tyran de Syracuse	1228	1876	2134

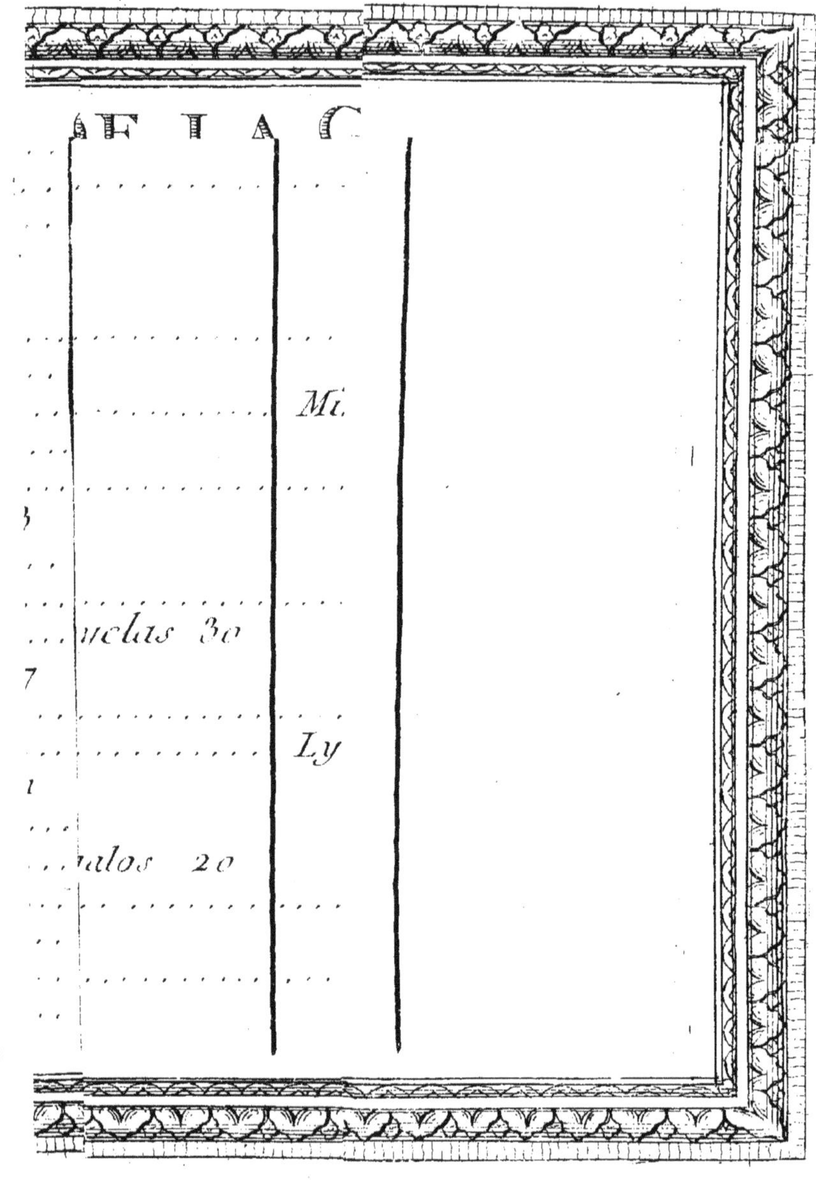

AFIAC
Mi
uclas 3o
Ly
ulos 20

CHRONOLOGIE DES MONARCHIES DE LA GRÈCE.

PREMIER TABLEAU

Ère de Callisthène	Ère de Paros	Durée jusqu'à nous	SICYONE	ARGOS	THÈBES	ATHÈNES	THESSALIE	PHRYGIE	TROYE	LACÉDÉMONE	CRÈTE	ELIDE	LYDIE	MYCÈNES	CORYNTHE
113		3897	Egialée 52	Commencement de la Monarchie, la 33e année du Regne de Thurimaque à Sicyone.											
165		3845	Europs 45												
210		3800	Telchin 20												
230		3780	Apis 26												
255		3755	Thelchion 52		Monarchie fondée cinq ans avant le Déluge d'Ogygès.										
307		3703	Ægid 34												
341		3669	Thurimaque 45												
378		3634		Inachus 50											
386		3624	Leucippe 53												
426		3584		Phoronée 60											
439		3571	Mescape 47												
456		3554			Ogygès 5										
461		3549			l'Empire de Thèbe détruit par le Déluge d'Ogygès reste désert 296 ans										
486		3524	Herat 46	Apis 35		Comt de la Monarchie, avec l'Ère de Paros		Le premier Roy connu de la Phrygie est Anak, antérieur au Déluge de Deucalion.	La conciliation du Marbre avec le Canon de Thrasylle conduit à placer le commencement de la Monarchie de Troye à l'an 40 de l'Ère de Paros.						
521		3489		Argos 33			Civilisation de la Thessalie datant de la 8e année de l'Ère de Paros.								
532		3478	Plemnée 48												
554		3456		Criasos 54						Lelex vint vers l'an 41 de l'Ère de Paros civiliser les Sauvages de la Laconie.					
580		3430	Orthopolis 63												
608		3402		Phorbas 35											
643		3367	Marathon I 30	Triopas 46											
648		3362				Cécrops 50									
656	8	3354					Deucalion 45								
673	25	3337	Marathus II 20												
678	30	3332						Anak 60							
688	40	3322							Dardanus 64						
689	41	3321		Crotopus 21						Lelex 15					
693	45	3317	Échirée 55											La Chronologie de Mycènes ne commence qu'à l'an 237 de l'Ère de Paros; lorsque Persée fils naturel d'Acrisius, désespéré du meurtre involontaire de son père, vint bâtir la Ville de Mycène.	Les fastes de Corynthe ne commencent pour nous qu'à l'an 280 de l'Ère de Paros; avant cette époque, cette Ville a pu avoir des Roys, mais n'a point de Chronologie.
698	50	3312				Cranaüs 9									
704	56	3306								Milès 10					
707	59	3303				Amphyction 10					On peut placer la civilisation de la Crète par Teutame petit fils d'Hellen vers l'an 94 de l'Ère de Paros.				
708	60	3302					Amphiction Hellen	Anak et son successeur regnent aussi en Lydie.							
709	61	3301										On écrit qu'Aëthlios, petit fils de Deucalion, fonda le Throne de l'Élide, à la fin du premier Siècle de l'Ère de Paros.			
710	62	3300		Sthenelas 11											
714	66	3296								Eurotas 20					
717	69	3293				Erichton 50	Vuide dans les annales de la Thessalie.								
721	73	3289		Gelanor 1											
722	74	3288		Danaüs 50											
734	86	3276								Lacédémon 10			Tout porte à croire qu'Atys gendre de Méon détacha la Lydie, de la couronne de Phrygie, vers l'an 120 de l'Ère de Paros.		
738	90	3272						Méon 33							
742	94	3268									Teutame 15				
744	96	3266								Vuide de 91 ans dans les annales de Lacédémone.					
748	100	3262	Chorax 30									Aëthlios 48			
752	104	3258							Erichton 75						
755	107	3255									Asterius 43				
757	109	3253			Cadmus 40										
767	119	3243				Pandion I 40									
768	120	3242											Atys 40		
771	123	3239						Vuide de cent ans dans les annales de la Phrygie.							
772	124	3238		Lyncée 41											
778	130	3232	Epopée 35												
796	148	3214										Endymion 50			
797	149	3213			Polydore 30										
798	150	3212									Minos I 50				
807	159	3203				Erechtée 50									
808	160	3202											Lydus 20		
813	165	3197	Laomédon 40	Abas 23											
827	170	3183			Labdacus 30				Tros 61						
828	180	3182											Aliame 40		
835	187	3175								Amyclas 30					
838	188	3174		Pretus 17											
846	198	3164										Epeus 30			
848	200	3162									Lycaste 50				
853	205	3157	Sicyon 46	Acrisius 31	Amphion et Zethus 20										
857	209	3153				Cécrops II 40									
865	217	3145								Argalos 20					
868	220	3142											Alcime 40		
871	223	3139						Midas I 20							
876	228	3134										Etolus 20			
877	229	3133			Laïus 40										

IRE LA (

TÉDEMONE	ES	CORYNTHE
. . ortas 20 . .	1	
. . . .	3	
. . .		
. . . .	1	
. . . .	8	
. . .		
. .		
. . . .	43	
. . dos 30		
. . . .		
. . . .		
. . .		
Cre		
. . . .		
. . .		
Œd		
. . . .		
. . . .	. . . .	Corynthos 20

CHRONOLOGIE DES MONARCHIES DE LA GRÈCE.

SECOND TABLEAU

Ere de Callisthène	Ere de Paros	Durée jusqu'à nous	SICYONE	ARGOS	THÈBES	ATHÈNES	THESSALIE	PHRYGIE	TROYE	LACÉDÉMONE	CRÈTE	ELIDE	LYDIE	MYCÈNES	CORYNTHE
885	237	3125								Cynortas 20				Persée 1	
886	238	3124												Mastor 3	
888	240	3122							Ilus 40						
889	241	3121												Electryon 1	
890	242	3120												Sthenelus 8	
891	243	3119						Manès 20							
897	249	3113				Pandion II 25					Minos II 70			Eurysthée 43	
898	250	3112	Polybe 40							Œbalus 30					
905	257	3105										Eleus I 30			
906	258	3104		(À la mort d'Acrisius arrivé l'an 256 de l'Ere de Paros, la Monarchie se démembra, on vit à la place des Rois d'Argos, à Mycènes, à Epidaure, à Trézène et à Hermione, toutes ces Dynasties collatérales n'ont laissé aucune trace dans la mémoire des hommes, excepté celle de Mycènes qui rendit peu à peu tributaires tous les Rois de l'Argolide.)									Cambiades 10		
908	260	3102													
911	263	3099						Gordius I 40							
914	266	3096			Créon 6								Tmolus 20		
918	270	3092													
920	272	3090					Eson 10								
922	274	3088			Œdipe 31	Egée 65						Augias 31			
926	278	3084							Laomedon 27						Corynthus 10
928	280	3082					Pelias 20								
930	282	3080								Hippocoon 23					
935	287	3075											Omphale 20		
938	290	3072	Inachus 42											Atrée 45	
941	293	3069													Créon 12
948	300	3062						Gordius II 20							
951	303	3059							(Interrègne de deux ans.)						
953	305	3057			Eteocle 4										
955	307	3055					Acaste 37		Priam 64			Phylée 40			
957	309	3053			Polydamas 41					Tyndare 30			Pylemene		
958	310	3052													Jason 2
960	312	3050											(Quelques auteurs n'admettant point Pylemene et supposent qu'à cette époque la Lydie fit partie de la Monarchie de Troye.)		Sisiphe 70
962	314	3048									Deucalion 23				
968	320	3042						Otrée 33							
971	323	3039													
980	332	3030	Phestus 8												
987	339	3023				Thesée 13				Ménélas 33					
988	340	3022	Adraste 4								Cretes 10				
991	343	3019													
992	344	3018	Polyphide 31				Pelée							Thyeste 10	
996	348	3014										Agasthène 20			
997	349	3013													
998	350	3012			Thersandre 13										
1000	352	3010				Mnesthée 23					Idoménée 20				
1001	353	3009						(Vuide de 623 ans dans les annales de la Monarchie.)							
1004	356	3006												Agamemnon 15	
1006	358	3004													
1011	363	2999			Tisamene 17							Polixenus 30	Agron 20		
1017	369	2993							(La mort de Priam et la prise de Troye entraînent la destruction de la Monarchie.)		Mérion			Egysthe 18	
1022	373	2989				Demophon 36	(La mort de Pelée qui suit de près celle d'Achille son fils amène la dissolution de la Monarchie.)								
1023	375	2987	Pelasge 20												
1028	380	2982			Autesion 10										(Fin de la Monarchie de Corynthe.)
1032	384	2978											(Commencement des Regnes de dix-sept Héraclides dont les noms ne nous ont point été transmis par l'histoire.)		
1038	390	2972			Damasichton 20									Oreste 69	
1039	391	2971								Oreste 67	(À la mort de Mérion dont on ignore l'époque, la Crète devient une République.)				
1041	393	2969													
1043	395	2967	Zeusippe 30									Amphimaque 20			
1047	399	2963													
1057	409	2953				Oxythes 12									
1058	410	2952			Ptolemée 20										
1069	421	2941				Aphydas 1									
1070	422	2940				Thymète 8									
1073	425	2937	Archelaüs 1												
1074	426	2936	Automedon 1												
1075	427	2935	Metodentos 1												
1076	428	2934	Eunée 1									Eleus II 24			
1077	429	2933	Theonome 1												
1078	430	2932	Amphyction 9		Xanthus 2	Melanthe 36									
1080	432	2930													
1087	439	2923	Charidemé 18		(Thèbes devient République.)					Tisamene 3				Tisamene 3	
1098	450	2912								Invasion des Héraclides.		Invasion des Héraclides.		Invasion des Héraclides.	
1101	453	2909													
1105	457	2905	(Fin de la Monarchie de Sicyone.)			Codrus 21									
1114	466	2896				(Fin de la Monarchie d'Athènes.)									
1135	487	2876													

E DE

. . . 2178	.		
. . . 2177	.		
. . . 2174	Ag. . .	**Anonyme 2.**	
. . . 2172	. . . .	*Evagoras II. 18*	
. . 2171	. .		
. . . 2169	. .		
2160	*Cl*		
. . 2164	. . . .	*Nicoclès II. 4*	
. . 2151	*Ag*		
. . . 2150	*Cl*. .	*Evagoras III. 8*	
. . . 2148	. . . .	. . . .	*Denys le jeune 22 en 2 époques*
. . 2143	. .		
. . . 2142	. . . .	*Nicoclès III. 10*	
. . 2138			
2137	. .		
. . 2132	. . . .	*Evagoras IV. 2*	
. . 2130	. . . .	*L'Isle de Chypre est réünie à la Perse.*	
. . . 2116	. . . .		
. . . 2115	. .		
Cyp 2106	. .		
. . . 2104	. .		

CHRONOLOGIE DES MONARCHIES DE LA GRÈCE,

TROISIEME TABLEAU.

PREMIERE COLONNE.

Ere de Callisthene	Ere de Paros	Durée jusqu'à nous.	Lacédémone Agides	Lacédémone Proclides	Corynthe	Athènes	Macédoine	Lydie	Phrygie
1101	453	2909	Aristodème 4						
1106	457	2905	Theras Régent 25			Archontes perpétuels			
1130	482	2880	Eurysthène 42	Proclès 30					
1131	483	2879			Alétès 38				
1160	512	2850		Soüs 30		Medon 20			
1169	521	2841			Ixion 38				
1172	524	2838	Agis 1						
1173	525	2837	Echestrate 35						
1180	532	2830				Acaste 36			
1190	542	2820		Eurytion 36					
1207	559	2803			Agélas 35				
1208	560	2802	Labotas 37						
1216	568	2794				Archippe 19			
1226	578	2784		Pritanis 35					
1235	587	2775				Thersippe 41			
1242	594	2768			Prymnès 33				
1245	597	2765	Doriscus 29						
1261	613	2749		Eunome 62					
1274	626	2736	Agesilas 44						
1276	628	2734				Phorbas 31			
1277	629	2733			Anonyme 10				
1290	648	2724			Bachis 35				
1307	659	2703				Mégaclès 30			
1318	670	2692	Archelaüs 60						
1323	675	2687		Polydecte 9					
1331	683	2679			Agélastès 30				
1332	684	2678		{Lycurgue Roi ou Régent ... 25					
1337	689	2673				Diognète 28			
1357	709	2653		Charilaüs 64 ou 65					
1362	713	2649			Eudème 35				
1366	717	2645				Phéréclès 19			
1378	730	2632	Télécle 40						
1384	736	2626				Ariphron 20			
1396	748	2614			Aristodème 35				
1404	756	2606				Thespias 27			
1418	770	2592	Alcamène 37						
1421	773	2589		Nicandre 20					
1423	775	2587					Caranus 28		
1431	783	2579			Agémon 16	Agamestor 20			
1447	799	2563			Alexandre 25				
1450	802	2560		Théopompe 57					
1451	803	2559				Eschyle 23	Coenus 12		
1454	806	2556						Ardys I. 36	
1455	807	2555	Polydore 51						
1463	815	2547					Thurimas 38		
1472	824	2538			Télestès 12				
1474	826	2536				Alcméon 2 Archontes décennaux			
1476	828	2534				Charops 10			
1484	837	2526			Prytanes an				
1486	838	2524				Æsimide 10			
1490	842	2520						Alyatte I. 14	
1496	848	2514				Clidicus 10			
1500	852	2510						Melès 10	
1501	853	2509					Perdiccas I. 51		
1506	858	2504	Eurycrate I. 37			Hippomène 10			
1507	859	2503		Zeuxidame 33					
1510	862	2500						Myrsus 2	
1512	864	2498						Candaule 10	
1516	868	2494				Léocrate 10			
1522	874	2488						Gygès 38	
1526	878	2484				Apsandre 10			
1527	879	2483							Midas III. 60
1536	888	2474				Eryxias 10			
1540	892	2470		Anaxidame 45					
1543	895	2467	Anaxandre 36			(Archontat annuel)			
1546	898	2464							
1552	904	2458					Argée I. 38		
1560	912	2450						Ardys II. 49	
1575	927	2436			Cypselus 30				
1577	929	2433							Midas IV. 33

SECONDE COLONNE.

Ere de Callisthene	Ere de Paros	Durée jusqu'à nous.	Lacédémone Agides	Lacédémone Proclides	Corynthe	Macédoine	Lydie	Phrygie	Chypre	Sicile
1579	931	2431	Eurycrate II. 20							
1585	937	2425		Archidame I. 43						
1590	942	2420				Philippe I. 38				
1605	957	2405	Léon 43		Periandre 44					
1609	961	2401					Sadyatte 10			
1610	962	2400						Midas V. 20		
1625	977	2385					Alyatte II. 39			
1628	980	2382				Æropus 26				
1630	982	2380						Scythès 3		
1633	985	2377		Agasiclès 47				Anarchie		
1645	997	2365			Psammitique 3					
1648	1000	2362			(Corynthe devient République)					
1653	1005	2357	Anaxandride 38							
1654	1006	2356				Alcetas 29				
1664	1016	2346					Crésus 13			
1673	1025	2337							Nicocréon I. 25	
1678	1030	2332						(Dissolution de la Monarchie de Phrygie)		
1680	1032	2330		Ariston 40			(Destruction de la Monarchie de Lydie)			
1682	1034	2328								
1683	1035	2327				Amyntas 50				
1698	1050	2312							Evelton 10	
1708	1060	2302							Siromus 2	
1710	1062	2300							Chersis 3	
1711	1063	2299	Cléomène I. 30							
1713	1065	2297							Gorgus 12	
1720	1072	2290		Démarate 19						
1725	1077	2285							Onésile 1	
1726	1078	2284							(Gorgus rappelé 2	
1728	1080	2282							Nicocrate 20	
1733	1085	2277				Alexandre I. 38				
1739	1091	2271		Léotychide 22						Gélon Préteur 5
1741	1093	2269	Léonidas I. 9							
1748	1100	2262							Timarque 16	
1749	1101	2261								Gélon Roi 8
1750	1102	2260	Léonidas II. 1							
1751	1103	2259	Pausanias I. 10							
1757	1109	2253								Hyeron 7
1761	1113	2249	Plistarque 3	Archidame II. 42						
1764	1116	2246	Plistoanax 58						Evagoras I. 18	Trasibule 1. République
1765	1117	2245								
1768	1120	2242				Perdiccas II. 42				
1782	1134	2228							Protagoras 10	
1788	1140	2222							Nicocréon II. 25	
1803	1155	2207		Agis I. 27						
1808	1160	2202							Nicoclès I. 6	
1810	1162	2200				Archelaüs 21				
1814	1166	2196							Abdymon 22	
1822	1174	2188	Pausanias II. 14							Denys l'ancien 40
1830	1182	2180		Agésilas 42						
1831	1183	2179				Amyntas II. 1				
1832	1184	2178				Pausanias 1				
1833	1185	2177				Amyntas III. 6				
1836	1188	2174	Agésipolis I. 14						Anonyme 2	
1838	1190	2172							Evagoras II. 18	
1839	1191	2171				Argée II. 2				
1841	1193	2169				Amyntas rétabli 18				
1850	1202	2160	Cléombrote I. 9							
1856	1208	2154							Nicoclès II. 4	
1859	1211	2151	Agésipolis II. 1			Alexandre II. 3				
1860	1212	2150	Cléomène II. 61						Evagoras III. 5	
1862	1214	2148				Ptolemée [illegible] 5				Denys le jeune 22 en 2 époques
1867	1219	2143				Perdiccas III. 6			Nicoclès III. 10	
1868	1220	2142								
1872	1224	2138		Archidame III. 23						
1873	1225	2137				Philippe II. 24			Evagoras IV. 2	
1878	1230	2132							(L'isle de Chypre est réunie à la Perse.)	
1880	1232	2130								
1894	1246	2116				Alexandre le Grand 12				
1895	1247	2115		Agis II. 9						
1904	1256	2106		Eudamidas I. 32		(Mort d'Alexandre, et division de son Empire.)				
1906	1258	2104								

www.ingramcontent.com/pod-product-compliance
Ingram Content Group UK Ltd.
Pitfield, Milton Keynes, MK11 3LW, UK
UKHW021542260726
13993UKWH00002B/581

9 782329 500232